中学校数学科

無理なく進める

個別最適な学び

赤本純基［著］

明治図書

はじめに

今，「個別最適な学び」と「協働的な学び」を一体的に充実し，「主体的・対話的で深い学び」の実現に向けた授業改善につなげていくことが強調されています。

一方，学校現場では，次のようなことが話題になることがあります。

・「個別最適な学び」と「協働的な学び」を一体的に充実するとは，具体的にどういうことなのだろうか。
・働き方改革が進められている中で，無理なく「個別最適な学び」と「協働的な学び」を一体的に充実していくためには，どうすればよいのだろうか。

本書は，こういった疑問や悩みを踏まえて，「個別最適な学び」と「協働的な学び」を一体的に充実することを目指した「問題解決の授業」の具体例も示しながら，中学校数学科で，無理なく「個別最適な学び」を進めていくための方策をまとめたものです。

私が目指しているのは「考えることが楽しい授業」です。授業終了後に，生徒に「考えることってこんなに楽しいんだ！」と思ってもらえるように，15年間授業実践を積み重ねてきました。数学では，問題について深く考えると，頭がカーッと熱くなります。時には，何としても自力で解決したいと躍起になります。そして，解決したときには，「やった、できた！」「わかった！」とすっきりします。解決した後の，頭をフル回転させた感覚や、達成感・充実感は何にも代えがたいものです。この経験を日常的に積み重ねた人と，積み重ねなかった人では，大きな差が生まれるように思います。前者は，自分で考えて問題を解決しようとする，知的に自立した鉄腕アトムのような存在です。一方，後者は自分で考えようとはせず，正しい解答を与えられるのを待ち，その解答を暗記すればよいと思っているので，鉄人28号のような指示待ち人間になります。どちらの方が，楽しく，いきいきとした人生を歩むことができるでしょうか。そして，頭がカーッと熱くなるかどうかは，どんな問題に取り組んでいるかも重要です。そういったきっかけをつくる問題の存在も，「個別最適な学び」の実現と関わってくるように思います。

2023年４月から，私は教育委員会の指導主事として，数多くの授業を参観する機会をいただいています。学校現場では，これまで以上に，無理なく授業準備をしてよりよい実践が継続できるような具体的な方策の提案が求められています。具体的には，次のような声を聞きます。

・教材研究のために時間を使いたいが，分掌業務や学年・学級の業務，部活動などを優先させなければならないため，時間がなかなか確保できない。

・教材研究の時間が確保できない。少しでもいいから，落ち着いて教材研究ができる時間がほしい。

・板書交流や日頃の授業の交流，どんな流れ（単元全体と１単位時間）で数学の授業を行えばよいのかなどの研修があればうれしい。長年数学教育に携わっている方からすると，「そんなこともわからないのか」と思われるかもしれないけれど，教えてほしい。

こういった声を聞くと，学校現場では，無理なく学習指導を充実させていくための方法が強く求められていることがよくわかります。限られた時間の中で，我々教師は何をすれば，「個別最適な学び」と「協働的な学び」を一体的に充実し，「主体的・対話的で深い学び」の実現に向けた授業改善につなげられるのか。その具体的な方策を，私の授業実践の経験を基にして本書で提案いたします。

中学校数学の授業に携わる先生方はもちろん，多くの教育関係者の方々に本書を読んでいただき，無理なく，「個別最適な学び」を日常化していくための具体的な方策の叩き台として使っていただけることを心から願っています。

2023年７月

赤本純基

目次

第3章
無理なく進める 個別最適な学びの具体例

第 1 章

中学校数学科における個別最適な学び

1　個別最適な学びと個に応じた指導

2021年１月26日，中央教育審議会より「『令和の日本型学校教育』の構築を目指して～全ての子供たちの可能性を引き出す，個別最適な学びと，協働的な学びの実現～（答申）」（以降，令和３年答申）が出されました。「はじめに」では，「2020年代を通じて実現を目指す学校教育を『令和の日本型学校教育』とし，その姿を『全ての子供たちの可能性を引き出す，個別最適な学びと，協働的な学び』とした」と概要が書かれています。

私の勤務している地域の先生方からは，「協働的な学び」についてはイメージが浮かぶけれど，「個別最適な学び」については今ひとつはっきりしないという声が多く耳に入ってきます。皆様の地域ではいかがでしょうか。

個別最適な学びについて，令和３年答申では，次のように示されています。

これからの学校教育においては，子供がICTも活用しながら自ら学習を調整しながら学んでいくことができるよう，「個に応じた指導」を充実することが必要である。（中略）「指導の個別化」と「学習の個性化」を教師視点から整理した概念が「個に応じた指導」であり，この「個に応じた指導」を学習者視点から整理した概念が「個別最適な学び」である。（下線筆者）

下線部分に注目してみると，個別最適な学びについての理解を進めるためには，まず，「個に応じた指導」について考えなければいけないことがわかります。

数学科では，個に応じた指導について，たくさんの優れた実践が積み重ねられてきました。例えば，2003年に文部科学省は『個に応じた指導に関する指導資料―発展的な学習や補充的な学習の推進―（中学校数学編）』（以降，指導資料）を出しました。まずは，指導資料で数学科において個に応じた指導がどのように押さえられてきたのか確認します。

指導資料では，数学の学習における「個に応じた指導」について，「数学の学習における個に応じた指導とは，個に応じて学習された内容や方法のもつ生産性を生かす学習指導，生徒それぞれが獲得してきた数学の内容や方法をさらに発展できるようにする学習指導として位置付けられる」（下線筆者）と書かれています。数学の生産性とは，「数学は，既知の内容や方法を生かして発展できる」という意味です。「発展」という言葉から，何か難しいことを指導するのではないかと思い浮かべてしまう方がいるかもしれませんが，そういう意味ではありません。指導資料では，個に応じた指導を充実させるために，発展的な学習と補充的な学習を行うことが示されていますが，「発展的な学習も，補充的な学習も，自ら学んだこと（既知）を発展させるものであり，解決への不安を乗り越えて，自分自身に対して自信を高める経験を提供するもの」とされています。さらに，「数学学習の発展について，『広げ，深め，そして，進める』というようにとらえ」とあるように，新しい学習内容についての数学の学習は，すべて既習あるいは今学習していることから「発展」させていると捉えることができるとされています。数学の学習における発展の捉えについて，重要な指摘です。

また，指導資料では，「それまでの学習展開で発展を目指しての『発展的な学習』をさらに進めることや，遅れがちな生徒に内容をかみくだいて理解し，獲得することを目指す『補充的な学習』は通常の授業の中でも随時計画される必要がある。生徒一人一人の学習を考えての『個に応じた指導』では，同一の授業時間の中で，これらが同時に行われていてむしろ当然である」（下線筆者）と述べられています。個に応じた指導は，単元で数回しかしないような特別な指導ではなく，むしろ日常授業の中に必要な指導であるということです。私たちは，それをどのように位置づけるのが生徒にとって自然なのか考える必要があるのです。

ここまでの話をまとめると，個に応じた指導は数学の学習における発展性を主題にした学習指導であり，集団での学習か個別での学習かといった学習形態に関わらず，日常授業の中で行われているのが自然な指導なのです。

2　個に応じた指導と「問題解決の授業」

個別最適な学びについて考えるために，ここから先で取り上げる私の授業は，次のような指導過程を基本にした，北海道教育大学名誉教授の相馬一彦先生が提唱する「問題解決の授業」を参考にして実践しています。

①問題を理解する
「おや？」「なぜ？」（目標，必要感）
②課題を捉える
「考えてみよう」「やってみよう」（学習意欲）
③課題と問題を解決する
「なるほど」「わかった」（達成感，充実感）
④解決過程や結果を振り返る
「はっきりした」「つながった」「…だったら？」
（新たな目標，必要感）

※1　問題…考えるきっかけを与える問い
※2　課題…問題の解決過程で生じた疑問や明らかにすべき事柄

「問題解決の授業」は，問題の解決過程で新たな知識や技能，数学的な見方や考え方などを同時に身につけさせていく学習指導です。上の指導過程はあくまでも基本になるものであり，指導の目標に応じて，軽重をつけたり，練習問題に取り組む時間を多く設定するなど変更したりします。

「問題解決の授業」で，課題を解決するためには，既知の内容や方法を生かします。そして，課題と問題を解決した後には，獲得した内容や方法を発展させていきます。このことから，数学科における個に応じた指導は，「問題解決の授業」の実践で自然に行われている指導と言えます。

指導資料では，数学学習における個に応じた指導の必要条件として，次の２点があげられています。

①生徒にとっての発展された課題であるとの認識

取り上げようとする課題が，その生徒にとって未知ではあるが既習を生かして取り組めるものであること。あるいは，直面した問題から，自然に発生，発展する課題であると生徒にとらえられること。あるいは，教師の支援によって発展するような場合でもそれが生徒に理解できるものであること。

②主体的活動が保障される学習展開

教師から投げかけられる課題について，なぜ，この内容が問われるかの必然性や，自ら解決したいと思える解決への欲求をもてるような自分にとっての問題を見いだし，生徒の主体的解決活動の展開が期待できること。

「問題解決の授業」の指導過程と照らし合わせてみると，「問題」や「課題」の言葉の捉えは異なりますが，「問題解決の授業」はどちらの条件も満たしていることがわかります。

本書では，私の実践を基にしていますが，どんな実践であっても，学習指導とは指導の目標があって計画されるものです。「生徒をどのように育てたいか」という目標を教師がもつことで，主体的な発展をもたらす個に応じた指導が実現していくものと考えます。

そしてその目標は，教材研究によって適切に設定されるものですから，「個に応じた指導」が充実するかどうかは，教師の教材研究で決まるということも言えます（ここでいう「教材研究」とは，①素材を教材とするための素材研究，②学習者の実態研究，③素材と学習者とを結びつけるための学習指導法研究の３つの研究を合わせたものです）。

なお，私が目指す数学授業と，「授業を行うための要件」「教材研究において工夫したい事柄」は次ページの通りです。

私が目指す数学授業

ポイント①
生徒が主体的に取り組み，考え続けている授業
・「おや？」「なぜ？」
・「なるほど！」「おもしろい！」

（実現されるときに生じる生徒の気持ち）

ポイント②
目標が適切に設定され，自然な文脈の中で，それが達成される授業
・「わかった！」「できた！」

授業を行うための要件

（要件を満たすために効果的だと思われる例）

要件①
本時の目標を明確にする
・目標を１～２に絞る
・目標を簡潔かつ具体的に示す

要件②
問題と問題把握の文脈を工夫する
・決定問題として提示する
・予想を取り入れる
・数値や図を工夫する

要件③
考えの取り上げ方を工夫する
・机間指導を行い，意図的に指名する
・考えを促す発問を取り入れる
・思考の流れがわかる板書にする

教材研究において工夫したい事柄

◎問題の工夫
※簡潔でわかりやすい問題にする
※クラスによって数値や図の向きなどを変えてみる
※つまずきを生かす
◎問題把握の工夫
※問題把握に時間をかけすぎない
※問題を段階的に把握する
◎予想を取り入れる工夫
※直観やあてずっぽうで予想してもよい
※時間をかけすぎず，短時間で予想させる

「比較」を取り入れる
① 授業比較 ② 教科書比較
学習指導案では
「本時の目標」「問題」「主な発問」，留意点に「問題把握の文脈の工夫」「考えの取り上げ方」を書く

◎考えの取り上げ方の工夫
※考えが多く出ればよいというものではない
※留意点や配慮事項として取り上げ方を事前に計画しておく
◎発問の工夫
※生徒に問い返すことを基本にする
◎机間指導の工夫
※机間指導の目的を再確認する
※どの考えをどのような順で取り上げるのか
◎板書の工夫
※板書の役割を再確認する
※主な発問や考え方のポイントも板書する
※板書を通して考え合い，学び合う

◎振り返りの工夫
※本時の目標とまとめを一体化する
※問題の解決過程でまとめる
※授業のどこでどのようなまとめをするのか計画しておく
※活用できるか，別の問題に適用させる
※発展的に捉え，新たな活動のきっかけをつかめるように促す
◎テスト問題の工夫
※テスト問題を通して授業への生徒の意欲を高める
※授業で扱った考え方を問う問題を数題出題する
※授業で学んだからこそできるテスト問題を出題する

◎教科書の扱い方の工夫
※授業と教科書をつなげる
※教科書の意図を読み取って教材研究する

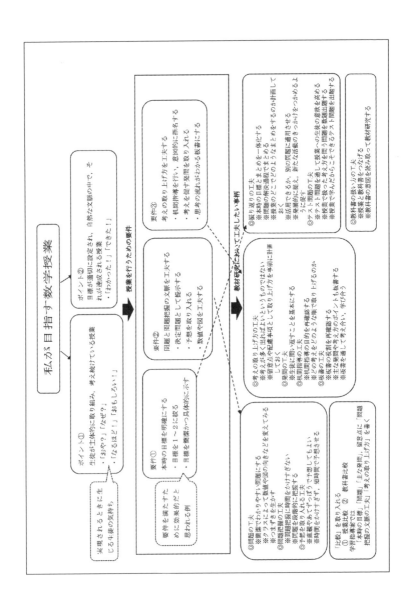

3 「自ら学習を調整しながら学ぶ」とは

本章冒頭で取り上げた令和３年答申の「子供がICTも活用しながら自ら学習を調整しながら学んでいくことができるよう…」の「自ら学習を調整しながら学ぶ」とはどういうことでしょうか。加固（2022）は，個別最適な学びは「自己調整学習」の１つであるとし，自己調整学習の捉え方について次のように述べています。

この数学的活動のサイクルを自分で回せるようになれば，算数において「自己調整学習」ができる状態になっていると言えるでしょう。しかし，子どもが自分１人でこのサイクルを回すというのは至難の業です。ですから，教師が次の活動を示唆したり，まわりの人と一緒に考えたりしながら数学的活動のサイクル（下図）を回していくことが大切なのです。教師が関わりながら，まわりの人と一緒に，算数における「学び方を学ぶ」ということが大事なのです。

（下線筆者）

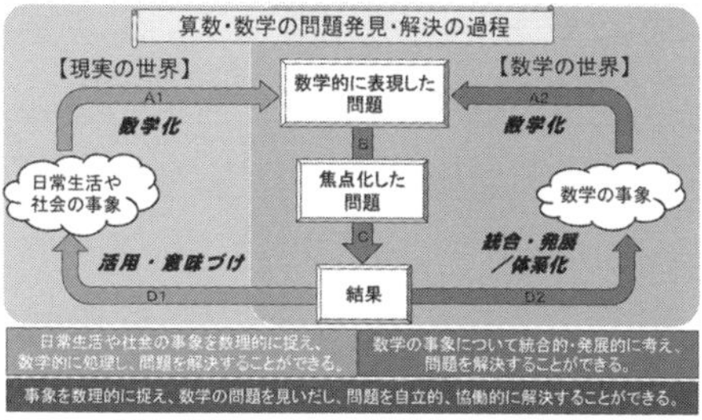

自ら学習を調整しながら学ぶということについての，重要な捉えです。そして，日本の心ある教師がこれまで積み重ねてきた優れた実践は，どれも子どもが図のような数学の問題発見・解決の過程である数学的活動のサイクル（文部科学省，2018）を自分で回せるようになることをねらって評価・改善されてきたように思います。今までと異なるのは，１人１台端末の学習環境が整備されたことです。ICT の日常使いにより，数学的活動を一層充実させ，ゆくゆくは生徒が自分１人でも数学的活動のサイクルを回す姿に導けるように指導していく必要があります。

ここで１つ，確認しなければならないことがあります。それは，生徒が自分１人で数学的活動のサイクルを回す場面をいつ，どのように設定するのかということです。私は，内容のまとまり（小単元や単元）の終盤で，身につけた資質・能力を基に取り組む場面を無理なく設定するのがよいと考えています。指導資料でも，単元の構成を計画するに当たって，個に応じた学習の時間を特設することについて，「指導の過程中には，内容理解が十分でなく補充的な学習が必要な生徒や，逆に内容を十分に理解しており，発展的な学習に意欲をもっている生徒も出てくる。この点に配慮して，単元の中間や最後の段階で，個々の生徒に応じて，補充や回復，深化や発展などに取り組める時間を設定する必要がある」（下線筆者）と書かれています。

さらに，上智大学の奈須正裕教授は，筑波大学附属小学校算数部との「算数科における個別最適な学びと協働的な学び」についての座談会で，「普段の授業で個々の内容にとどまらない，数学的な問いを生み出す際に用いる重要な着眼や基本的な論理を繰り返し指導し，それが子どもにもしっかりと身についていけば，子どもたちはそれを自力で展開しようとするでしょう。そういった機会を，少しでいいから作る。すると，できる子もいれば，もちろんできない子もいます。でも，できない子もほんの少しずつだけどできるようになっていく。もうこれはね，信頼したいというか期待したい。やはり『自立した学習者』という話が一番本質的で，いつかは子どもが一人でもできるようにしていきたいわけです」（下線筆者）と述べており，子どもたちだけで学び進める個別での学習を行っている時間を単元の中で２割程度設定することを勧めています。この座談会では，この２割の時間以外の８割の時間を集団での学習の中で個を生かすことを大切にして指導することの重要性が示唆されています。つまり，個別最適な学びは，２割の個別での学習の時間だけではなく，８割の集団での学習の中でも考えなければならないのです。

私の経験では，８割の集団での学習で，数学的活動を通した「問題解決の授業」が機能していなければ，２割の個別学習の時間は機能しません。生徒の立場で考えれば，普段教え込みの指導をされているのに，ある日突然，「生徒同士で問題解決過程を大切にしながら問題を解決しよう」と言われても，問題解決に向かっていくための「学び方」を学んでいない状況ですから，できなくて当然です。

4 指導の個別化と学習の個性化

ここでは，本章冒頭で取り上げた令和３年答申の「『指導の個別化』と『学習の個性化』を教師視点から整理した概念が『個に応じた指導』であり…」の，「指導の個別化」と「学習の個性化」とは何かについて確認します。

①「指導の個別化」とは

令和３年答申では，指導の個別化について，次のように説明されています。

教師が支援の必要な子供により重点的な指導を行うことなどで効果的な指導を実現することや，子供一人一人の特性や学習進度，学習到達度等に応じ，指導方法・教材や学習時間等の柔軟な提供・設定を行うことなどの「指導の個別化」が必要である。

指導の個別化では，支援の必要な生徒や生徒一人ひとりの特性や学習進度，学習到達度を教師が把握することが大切になります。具体的には，次のような方法があります。

・授業中に生徒の個別の「わからなさ」を把握する。
・練習問題や小テストなどで把握する。

そして，それぞれの方法で把握したことを基にして，「何を」「どのように」「どれくらい」指導するのか決めます。では，数学科の授業では，具体的にどのような学びを想定できるでしょうか。

生徒の個別の「わからなさ」を把握し指導方法を工夫する

例えば，1年「文字と式」で，次のように目標と問題を設定した授業について考えてみます。

目標　正方形の形に並べた碁石の総数を求める方法を図や式を用いて説明することを通して，事象を多角的に見ることができる。

問題　右図のように，1辺に x 個ずつ碁石を並べて正方形をつくります。このときの碁石全部の個数を求めましょう。

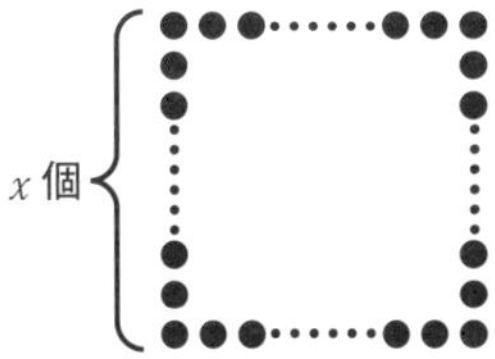

問題を提示すると，与えられた問題場面について，考察の対象を明確に捉えられない生徒が一定数います。このようなときには，具体的な数を用いて考察の対象を捉えられるように指導することが大切です。問題提示後の机間指導で，個別の「わからなさ」を把握し，学級全体でどのように考えればよさそうかを共有したうえで，それを基に個別

での学習が進むように働きかけます。

例えば，実際に１辺に並べる碁石の個数を決めてノートに図をかくことを通して，碁石のまとまりに着目し，どんな囲み方をすると効率的に個数を求められるかを考えるように促します。そして，そのように計算して求めた結果と，並べた碁石を１つずつ数えた結果を対比する方法を学級全体で共有します。その活動を踏まえ，個別での学習が進むようにします。すると，ひとまず１辺にいくつかずつ碁石を並べた図をかき考え始める生徒が増えてきます。

これが，授業中に生徒の個別の「わからなさ」を把握し，指導方法を工夫する事例です。

練習問題や小テストなどで把握し指導方法を工夫する

２年「式の計算」で，次のような目標と問題を設定した授業について考えてみます。

目標　２つ以上の文字を含む式の値を能率的に求める方法を説明することができる。

問題　$x=5$，$y=9$のとき，$2(5x+3y)+3(x-2y)$の値を求めましょう。

問題解決後，次ページの練習問題に取り組む場面を設定しました。提示する練習問題は，単に同じような問題を並べるのではなく，振り返ったときに「問題と練習問題では

練習問題

① $a=-\frac{1}{6}$，$b=3$ のとき，
$5(4a-3b)-4(2a-5b)$ の値を求めなさい。

② $x=-2$，$y=\frac{1}{3}$ のとき，
$3x^2 \div 2x \times 4y$ の値を求めなさい。

どの部分が変わっていたのか」「問題はなぜその順に並んでいたのか」といったことに気づけるようにします。こうした工夫が生徒の発展の目を育てることにつながります。

ただし，このような練習問題を毎時間準備する必要はないと思います。なぜなら，教科書の練習問題は，生徒の発展の目を育てることを意図して掲載されているものが多いからです。大事なことは教師が「教科書の練習問題の内容や配列の意図を読み取る」という教材研究を日常的に行うことです。

共通の練習問題に取り組んだ後には，類題に取り組むことを通して学習内容を定着させていくことを望む生徒，どんどん発展させた問題に取り組むことを通して学習内容を定着・充実させていくことを望む生徒がいるものです。このときに，生徒の実態に合わせた難易度別の練習問題や授業で取り扱った問題をさらに発展させていくように問題づくりを位置づけることもできます。この授業では，学習内容を定着させていくことを望む生徒は教科書に掲載されて

いる補充問題，定着・充実させていくことを望む生徒は問題づくりをそれぞれ選択するように伝えました。

これが，練習問題や小テストなどで把握し，指導方法を工夫する事例です。

②「学習の個性化」とは

令和３年答申では，「学習の個性化」について，次のように説明されています。

教師が子供一人一人に応じた学習活動や学習課題に取り組む機会を提供することで，子供自身が学習が最適となるよう調整する「学習の個性化」も必要である。

学習の個性化では，教師が教材研究を深めていくことはもちろんのこと，生徒一人ひとりに応じた学習活動や学習課題に取り組む機会を適切なタイミングで設定することが大切になります。ポイントは，次の３点です。

・教材研究を深める。
・生徒が自分自身で選択できるようにする。
・適切なタイミングで設定する。

具体的に数学科の授業ではどんな学びを想定できるでしょうか。例えば，２年「式の計算」で，次のような目標と問題を設定した授業について考えてみます。

目標　連続する３つの整数の和がどんな数になるのか予想し，それがいつでも成り立つことを説明することができる。

問題　連続する３つの整数の和は，どんな数になるでしょうか。

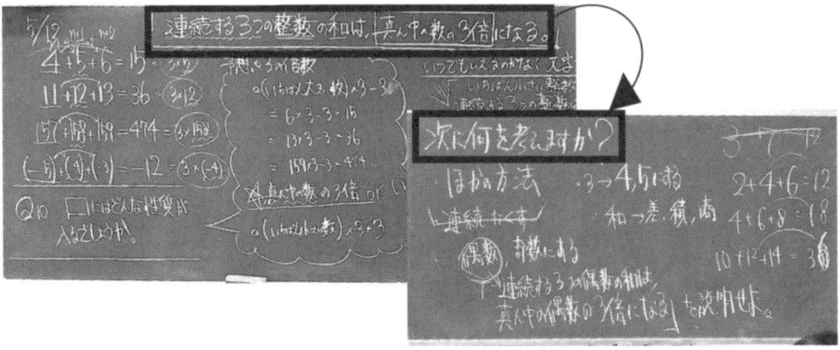

問題を解決した後に，右の写真の□のように「次に何を考えますか？」と問いかけ，発展的に考えるための視点として，問題の条件を変えることを促し，生徒が新たな事柄を見いだすことができるように働きかけました。「連続する３つの整数の和は，真ん中の数の３倍になる」の下線部に着目させると，次のような考えが共有されました。

・「３つ」を４つや５つにする。
・「整数」を偶数や奇数にする。
・「和」を差，積，商にする。

この後，学級全体に「まずは練習としてみんなでどれを考えてみようか？」と問うと，「連続する３つの偶数の和は，真ん中の偶数の３倍になる」を説明したいという声が多かったため，この事柄の説明について考えました。

そして，学級全体で共有した他の条件変更について，それぞれの生徒が興味をもったものについて個別で考えるようにしました。それぞれの生徒が考えたものは，ICT を活用して，常に学級全体で共有できるようにしました。このような働きかけを継続していくと，授業終了後も自然発生的に対話が生まれ，学び続ける生徒の姿が引き出されていきます。

この事例のように，導入で取り扱った問題の条件を変えるだけではなく，別の場面でも解決できるかどうか適用範囲を広げて考えたり，新たな視点から捉え直したりすることも考えられます。いずれにしても，探究するきっかけとなる視点を全体で共有したうえで，その中から生徒一人ひとりに選択させて探究へ誘うことが大切です。そして，そのような場面を日常授業でこそ位置づけられないかと考え続ける教師の姿勢が重要なのです。

例えば，１年「空間図形」の空間における平面の決定の授業でも，次ページ板書写真の□のように学習の個性化の場面を位置づけることができます。

この授業では，まず，空間における平面が同一直線上にない３点，１つの直線とその上にない１点，交わる２直線，平行な２直線によって決定されることを理解できるように働きかけました。そして，その内容を踏まえて，学校内にもその原理が使われたものはないか探す活動を取り入れました。

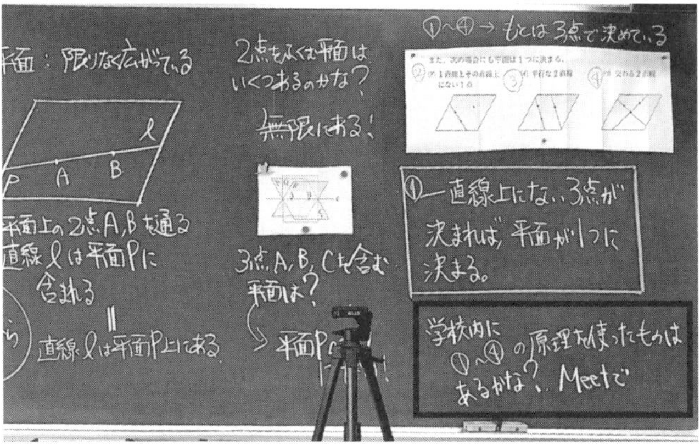

探しているときには，web 会議システムを使って，生徒同士で活動の様子を見られるようにしました。

このように，生徒が自分自身で選択できるようにする場面は，私の実践では，探究する「きっかけ」となる視点を全体で共有した後になることが多いです。

このような指導が，教師が生徒一人ひとりに応じた学習活動や学習課題に取り組む機会を適切なタイミングで設定する学習の個性化の事例です。

以上のように，個別最適な学びを指導の個別化，学習の個性化という２つの視点から捉えてみると，できるできない，速い遅いといった差に注目した指導の個別化と，それぞれの生徒の興味・関心に注目した学習の個性化は，区別して考えていく必要があると言えるでしょう。

5 個別最適な学びと協働的な学びの一体的な充実

ここまでの話は，文部科学省が表した学びのあり方のイメージの図にまとめられます。

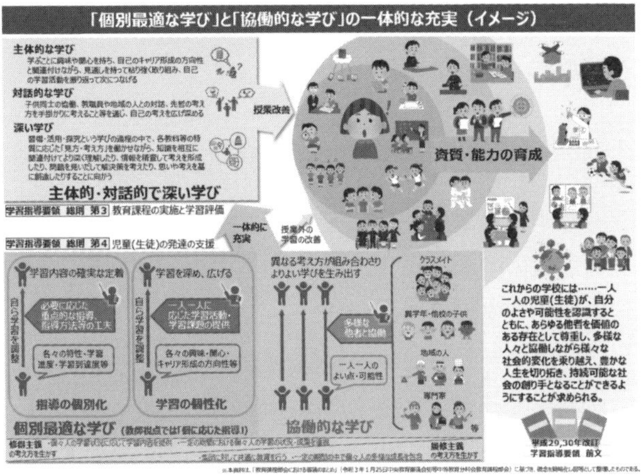

私は，個別最適な学びと協働的な学びを数学科の授業ではどのように考えればよいのか，教育実習生や地域の数学教育研究団体である釧路算数数学教育研究会の先生方から多くの相談を受けています。ここでは，その具体的な相談内容と，私の回答も示しておきます。

Q　個別最適な学びを実現するには，毎時間授業のはじめに今日やることを決めさせ，あとは生徒が自由に協力して解決するのを見守る必要があるのですか？

A　毎時間生徒に丸投げするような指導では，苦手な生徒は置いていかれてしまうのではないのでしょうか。継続して取り組めば，置いていかれることはなくなるでしょうか。そんな都合のよい話は，よほど学級が育つなどしていなければ，多くの教室では起こり得ないことだと思います。明確な理念のない中での丸投げ指導は危険です。

Q　個別最適な学びの実現を目指すのは主に個別での学習の時間，協働的な学びの実現を目指すのは主に集団での学習の時間と捉え，単元構成で明確に分ける必要があるのですか？

A　個別最適な学びの実現を目指すことにした時間でも，協働的な学びを位置づける必要が生じることはないでしょうか。逆に，協働的な学びの実現を目指すことにした時間に，個別最適な学びを行う必要がある場合はないでしょうか。そもそも，１単位時間ごとに２つの学びを区別するのは，私は不自然だと考えます。なぜなら，個別最適な学びと協働的な学びは明確に切り離すことはできないからです。既習内容である定義や定理，公式などの前提を確認し，それを基に論理的に考え，正しいか正しくないかをはっきりさせていくことが多いという特性をもつ数学科の授業で，個別での学習のみで何時間も進められる状況は稀ではないでしょうか。あくまでも，毎時間の授業の中で，個別最適な学びと協働的な学びを一体的に充実させていくことが大切だと考えます。

Q　個別最適な学びを実現するためには，単元のはじめに単元で学習する内容をざっと眺め，生徒一人ひとりで自由な進度で学習を進めてよい，というようにする必要があるのですか？

A　数学を学ぶ楽しさとは何でしょうか。私は，ワクワク感をもち，未知の問題に立ち向かい，解決する過程で，何か今までにはない新しいものを見つけたり，わからなかったことがわかったり，できなかったことができるようになったり，見えなかったものが見えるようになったりすることだと考えます。だからこそ，数学では教材との出合いが大切だと思います。はじめから先々のことがわかった状態の出合いでは，ワクワク感はありません。1時間の授業は，生徒にとって新鮮な気持ちで学ぶ人生でたった一度のチャンスと受け止めることが大切です。

これらのやりとりは，令和3年答申の「総論」で述べられている次の内容を数学教育においてどのように捉えればよいのか，ということに結びつくと考えています。

学校における授業づくりに当たっては，「個別最適な学び」と「協働的な学び」の要素が組み合わさって実現されていくことが多いと考えられる。各学校においては，教科等の特質に応じ，地域・学校や児童生徒の実情を踏まえながら，授業の中で「個別最適な学び」の成果を「協働的な学び」に生かし，更にその成果を「個別最適な学び」に還元するなど，「個別最適な学び」と「協働的な学び」を一体的に充実し，「主体的・対話的で深い学び」の実現に向けた授業改善につなげていくことが必要である。（下線筆者）

個別最適な学びと協働的な学びは，個々ではなく，一体的に充実させるものなのです。だから，個別最適な学びと協働的な学びは明確に切り離すことはできません。あくまでも，一体となって問題解決に向かう姿が望ましいと考えられます。

上越教育大学の赤坂真二教授は，『個別最適な学び×協働的な学びを実現する学級経営』の中で，次のように述べています。

個別学習は本質的には学習とは呼べないのではないでしょうか。学習とは「社会的営み」だからです。学習の基本構造を説明するときに用いられる例え話があります。それは「相撲取りは親方によって強くなるのではなく，相撲部屋に所属することによって強くなる」というものです。これは，学習とは優れた親方からの情報や技術の伝達によって，力量が高まるのではなく，同じ部屋の兄弟弟子から有形無形の様々な影響を受けて強くなるということを意味しています。教室でも同じ構造なのでしょう。それなりにスキルのある教師やオンライン上の超優秀講師から授業を受ければ，わかりやすい授業，楽しい授業で内容を理解することはできるかもしれません。しかし，それは「使える学力」としては機能しない可能性があります。（中略）インプットした知識を他者にわかりやすく伝えたり，相手のわからなさを理解したり，相手の言っていることを理解しようとしたりする営みを通じて，「使える学力」になっていくことでしょう。（下線筆者）

数学教育に限らず，学校教育全体で大切にしなければならない重要な指摘です。

2020年４月から６月までの２か月間，私が勤務していた学校（北海道教育大学附属釧路義務教育学校）では，オンライン授業を実施しました。その期間を終えた後，全教科の先生方が口々に，「学校では学校でしかできない学びを大切にしようと強く思うようになった」「学校で学ぶ意味は，仲間と協力して問題解決する経験を積み重ねることだと気づいた」と言っていました。重要な現場の声だと思います。

数学科において，個別最適な学びと協働的な学びを一体的に充実するには，言葉に踊らされ浮き足立つことなく，これまでも大切にしてきた，数学的活動を通した指導，

「問題解決の授業」を一層充実させることが重要だと考えています。

なお，本書のタイトルは『中学校数学科　無理なく進める　個別最適な学び』ですが，前出の赤坂先生の言葉を借りれば，「学習とは『社会的な営み』」ですから，個別最適な学びのみで完結することはありません。したがって，目指しているのは，あくまで個別最適な学びと協働的な学びの一体的な充実であることを踏まえて読み進めていただければ幸いです。

【引用・参考文献】

・中央教育審議会（2021）「『令和の日本型学校教育』の構築を目指して～全ての子供たちの可能性を引き出す，個別最適な学びと，協働的な学びの実現～（答申）」
・文部科学省（2003）『個に応じた指導に関する指導資料―発展的な学習や補充的な学習の推進―（中学校数学編）』教育出版
・相馬一彦・谷地元直樹（2020）『「問題解決の授業」を日常化する！　中学校数学科の授業改善』明治図書
・加固希支男（2022）『「個別最適な学び」を実現する算数授業のつくり方』明治図書
・文部科学省（2018）『中学校学習指導要領解説　数学編』日本文教出版
・筑波大学附属小学校算数部・奈須正裕（2022）「なぜ今，『個別最適な学び』なのか？」（『算数授業研究』No.140）東洋館出版社
・文部科学省 HP「『個別最適な学び』と『協働的な学び』の一体的な充実（イメージ）」
・赤坂真二（2022）『個別最適な学び×協働的な学びを実現する学級経営』明治図書

第2章

中学校数学科における個別最適な学びとカリキュラムデザイン

1　個別最適な学びについて考える前に

本章では，具体例を交えつつ，年間や単元の指導計画（カリキュラム）における個別最適な学びについての考え方や，その位置づけのあり方について述べていきます。

ベテラン教師は，若手教師よりも見通しをもった学習指導ができることが多いものです。なぜなら，ベテラン教師は，年間を通じた学習指導の経験が，若手教師よりも豊富だからです。では，若手教師には，見通しをもった学習指導はできないのかというと，そんなことはありません。

まず，個別最適な学びをどのように位置づけるのかの前に，どのように年間や単元の指導計画をつくり（カリキュラムデザイン），それに基づいて指導を進めていくのかを考えます。ただし，特に若手の先生は，指導計画づくりそのものに四苦八苦するのではなく，まずは迫ってくる毎日の授業の準備に時間を割くべきだと思います。

年間指導計画に関わるところでいうと，まずは各単元の標準的な配当時数を押さえておくとよいでしょう。そのうえで，教科書会社から出されている年間指導計画例などを参考にしながら，例えば「正負の数」の単元の指導時数を26時間で設定したとすると，「第１時はこの内容を指導することになるのだな…」と手帳（カレンダー）などに指導内容をごく簡単に書き込んでいきます。これを，おおよそ

「⑸」４月からの通算指導時数
「＋１」年間指導計画の予定時数との差

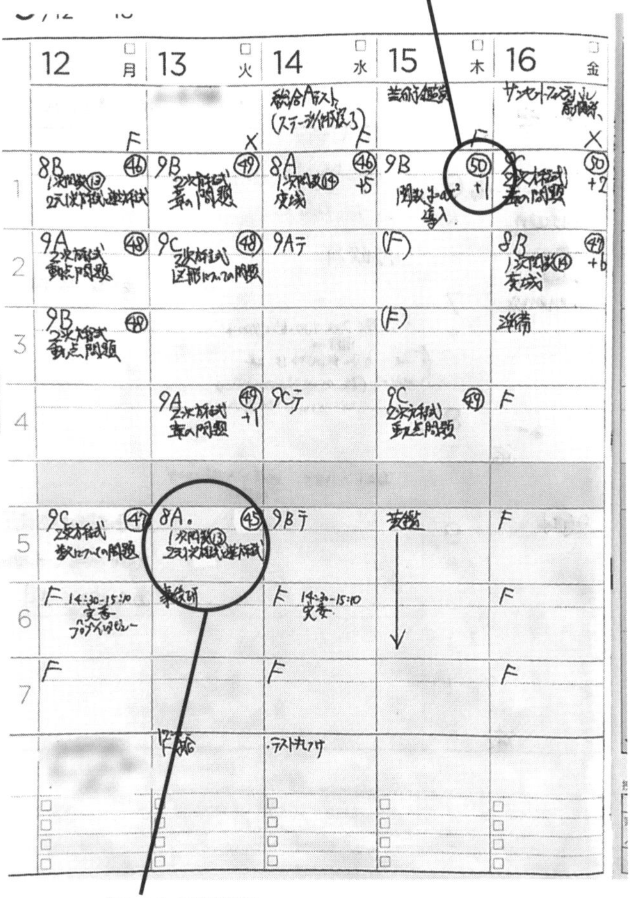

「８Ａ」授業学級
「１次関数⑬」単元名と単元の通算指導時数
「２元１次方程式と連立方程式」学習内容

週ごとに管理していきます。

こうした教務面の管理が，計画的な指導では重要です。教師の教務面の管理不足による指導のし忘れや意図のない指導の端折りは，生徒の学習に大きな影響を及ぼします。カリキュラムデザインにおいて，この点だけは外してはならないので，章の冒頭で述べさせていただきました。

前ページは，ある週の私の手帳の様子です（学事出版『スクールプランニングノート　中学・高校教師向け［Bタイプ］』の2022年版）。担当クラスごとに，４月からの通算指導時数や年間指導計画の予定時数との差などを記入して，毎週授業進度の点検をするようにしています。

また，過去の手帳はすぐに見られるところに保管して，指導する学年を前に指導したとき，どの時期にどんな内容を指導していたのかを確認するようにしています。右の写真は，私の過去数年分の手帳で，手前から2022年，2021年，2020年…と並んでいます。

2　年間指導計画に個別最適な学びを位置づける必要性はあるのか

個別最適な学びを年間指導計画上にかしこまって位置づけるのは不自然だと考えます。なぜなら，前章末で述べたように，学習は個別最適な学びだけで捉えられるものではないですし，毎時間の授業で表れる学びと捉えることが自然だからです。むしろ，そのような計画づくりに時間を割くより，１年間数学の学習指導をした結果，どのように自立的に学ぶ生徒になってほしいのか，理想像を自分の頭で考え，同僚や仲間の先生と伝え合う方が価値があると思います。「１年後には，自ら進んで問題解決に取り組む生徒にしたいな」「ノートを振り返りながら新しい問題を解決していく生徒にしたいな」「問題の解決過程で図や表，式，グラフなどのツールを取捨選択して使いこなす生徒にしたいな」などと，自らの数学教育観に照らし合わせながら，紙に書いてみます。「生徒をこのような姿にするために，毎日の授業があるのだ」と捉えることが重要です。

経験年数を重ね，よりよい学習指導をしたいと思っている先生であれば，年間指導計画に，授業で取り扱う問題をすべて書き出してみてはいかがでしょうか。当然，計画通りとはいかないこともあると思いますが，単元における指導時数と取り扱う問題の見通しがはっきりしてくると，「この単元では，この問題を取り扱うときには，生徒が自立的に学ぶ姿が見られるようにしたいな」などといった単元ごとに追い求める生徒の姿が浮かび上がってきます。私は「問題解決の授業」を10年間にわたって毎時間実践し，板書写真を蓄積し，毎年評価・改善を繰り返してきました。公開授業の回数は，10年間で約200回になりました。それらの記録を並べて，取り扱う問題をどうするかというところまで突き詰めて年間指導計画を作成しています。それを見ながら日常の学習指導をすると，「１年生のこの問題は３年生のこの問題につながっているな」「小学校や高等学校のこの内容とつながっているな」といったことも見えるようになってきます。こうした内容のつながりが見えてくると，自立した姿の理想像もより鮮明になってくるのです。さらに取り扱う問題まで年間指導計画に位置づけていると，それをそのまま単元計画づくりで参考にすることができるという利点もあります。詳しくは次項で紹介します。

時間	目標・問題	重点	記録	備考
1	・２乗する前の数がどのような数なのか調べる活動を通して，これまで学んだ数では表せない数があることを知る。 ・平方根の意味を知り，ある数の平方根を求めることができる。 問題 方眼を使って，いろいろな面積の正方形をかこう。	知		知①：行動観察　ノート
2	・ある数を、根号を使わずに表したり，根号を使った数を２乗した数を求めたりすることができる。 問題 ９の平方根は何だろうか。	知		知①：行動観察　ノート
3	・$\sqrt{5}$と３の大小関係を調べる活動を通して，平方根の大小関係を，不等号を使って表す方法を説明することができる。 問題 $\sqrt{5}$ と３では，どちらが大きいだろうか。	知		知①：行動観察　ノート
4	・これまで学んだ数を有理数と無理数に弁別することができる。 ・有理数と無理数の意味や，無理数が数直線上に表すことができることを知る。 問題 aを整数，bを０でない整数としたとき，$\frac{a}{b}$ と表すことができる数はどれだろうか。 2　0.1　0.3333……　$-\sqrt{9}$　$\sqrt{5}$	知		知①：行動観察　ノート

図　年間指導計画（一部抜粋）

【平方根Ⅰ】

目標：2乗する前の数がどのような数なのか調べる活動を通して，これまで学んだ数では表せない数があることを知る。
平方根の意味を知り，ある数の平方根を求めることができる。

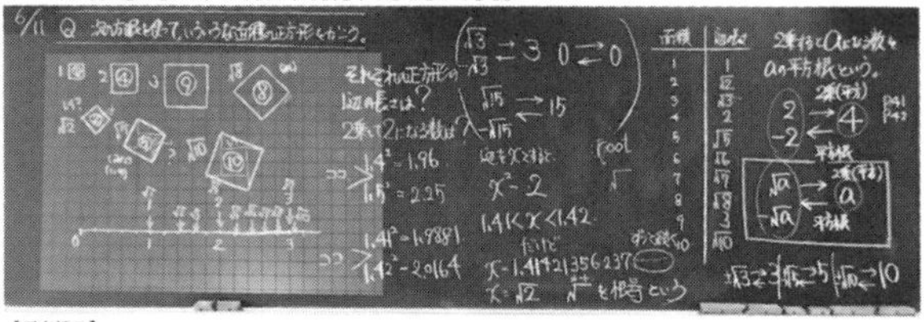

【平方根Ⅱ】

目標：ある数を根号を使わずに表したり，根号を使った数を2乗した数を求めたりすることができる。

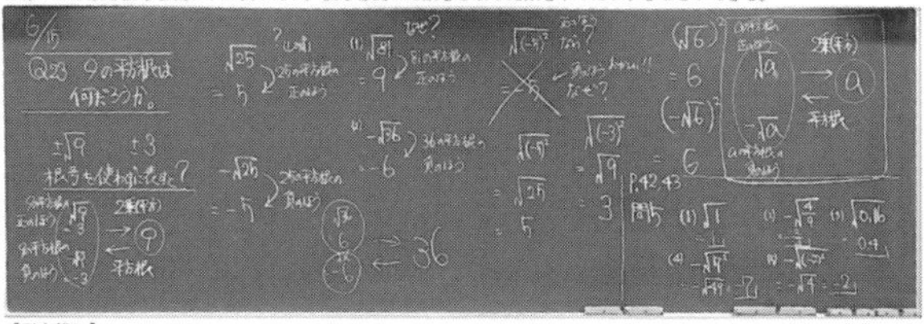

【平方根Ⅲ】

目標：$\sqrt{5}$ と3の大小関係を調べる活動を通して，平方根の大小関係を不等号を使って表す方法を説明することができる。

年間指導計画に基づいた授業実践後の記録（一部抜粋）

単元の指導計画については，個別最適な学びの捉えが重要です。私は，中学校数学では，内容のまとまり（小単元や単元）ごとに終盤で個別最適な学びの時間の割合が多くなるようにするのが自然と考えます。

だからといって，それ以外の時間に個別最適な学びの時間は必要ないのかというと，そういうことではありません。授業過程で生徒の個別の「わからなさ」を尋ねて把握した

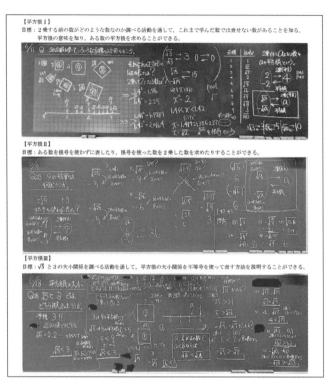

り，練習問題や小テストなどで把握したりして指導の工夫をするときには，「指導の個別化」を目指します。また，探究するきっかけとなる視点を全体で共有したうえで，その中から生徒一人ひとりに選択させて探究へ誘うときには，「学習の個性化」を目指します。

これらを授業のどんな場面で設定するのかについては，授業の目標によるところが大きいと考えます。そして，授業の目標は，教材研究に伴って設定されるものですから，画一的に「単元の中で個別最適な学びは…のように位置づければよい」とは言えません。先生方それぞれの教材研究に基づいて，目の前の生徒に最も適していると考える学習指導を選択していく必要があると思います。単元指導の中で，目の前の生徒にとって，文脈上どのような授業をデザインすることが自然なのかを考えるとよいでしょう。

あくまでも授業の目標達成のために個別最適な学びと協働的な学びを一体的に充実させていくことが重要と考えます。

3 単元の指導計画の中で，個別最適な学びをどのように考えるか

前章で確認したように，「『指導の個別化』と『学習の個性化』を教師視点から整理した概念が『個に応じた指導』であり，この『個に応じた指導』を学習者視点から整理した概念が『個別最適な学び』」でした。

そして，指導資料では「個に応じた指導は，数学学習における発展性を主題にした学習指導」とされており，どんな学習形態でも，すべての生徒が基礎・基本を確実に身につけ，自らの特性を生かして発展への意欲を高めていけるように単元の指導計画を作成する必要性が述べられています。指導資料に載っている留意点を踏まえ，次の４点に留意して単元の指導計画を作成する必要があると考えます。

①単元の学習内容についての生徒の既習事項を把握する。
②目標に沿っただれもが取り組める問題にするために，次の条件について考え，それに照らして吟味する。
・生徒の学習意欲を引き出すことができるか。
・問題の解決過程で新たな指導内容を身につけさせることができるか。
③目標に応じた指導の重点を明らかにし，学習活動の時間配分をする。

④自らを見つめ直す場として，「学習を振り返る時間」を設定する。

ここからは，実際に私が作成した２年「一次関数」単元の指導計画を基に，４つの留意点について説明します。

小単元１　一次関数の特徴

<table>
<tr><th>時間</th><th>・目標（重点的に生徒の学習状況を見取る観点）
問題</th></tr>
<tr><td>1</td><td>・直方体の水槽に，満水になるまで一定の割合で水を入れるときに，満水になるのは水を入れ始めてから何分後になるのかを予測することを通して，問題の解決に必要な２つの変数を取り出し，それらの関係を表した２つの表を比較し，比例以外に一定の割合で変化する２変数の関係があることに気づくとともに，一次関数の定義を知る。（知）

防災合宿で仮設の水そうに水を貯めることになりました。

あなたは，右のような水そうに水を入れる担当になりました。水そうになるべく多くの水を貯めて，水があふれる前に水を入れるのを止めたいと考えています。
水を一定の割合で入れるとき，水を入れている間，常に水そうの様子を見なくても済むようにするためには，どうすればよいでしょうか。</td></tr>
</table>

<table>
<tr>
<td>2</td>
<td>

・いろいろな事象で２つの変数の関係を $y=ax+b$ で表すことを通して，事象の中には一次関数として捉えられるものがあることを説明することができる。（知）

長さ12㎝の線香に火をつけると，１分間に0.6㎝ずつ短くなりました。

火をつけてから x 分後の線香の長さを y ㎝とするとき，y は x の一次関数であると言えるでしょうか。

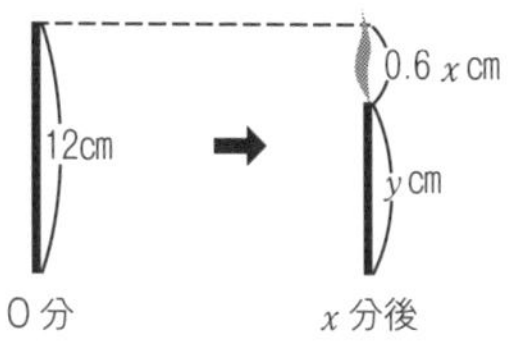

</td>
</tr>
<tr>
<td>3</td>
<td>

・２変数の関係について，表から１分あたりに上がった水位を求めることを通して，変化の割合について知る。（知）

・一次関数である２変数の関係の表を観察することを通して，一次関数の変化の割合は一定で $y=ax+b$ の a に等しいことに気づく。（知）

水が少し入っていて，形も大きさも同じである水そうＡ，Ｂがあります。これらの水そうに，それぞれ一定の割合で水を入れたら，右の図のようになりました。

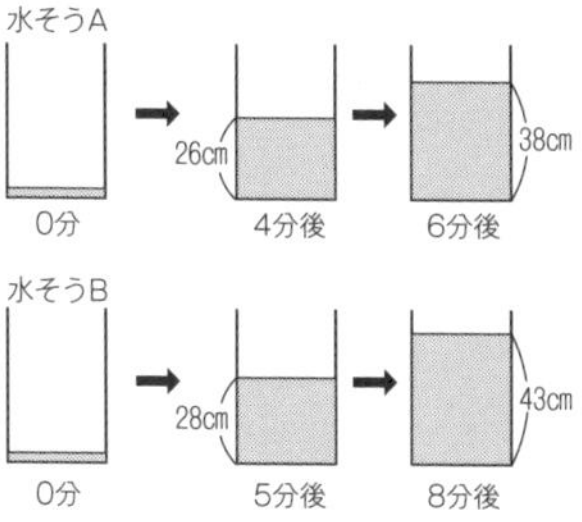

このとき，水面の高さの上がり方が速かったのは，ＡとＢのどちらの水そうでしょうか。

</td>
</tr>
</table>

4	・一次関数の式について，x の値の増加に伴う y の増加量を求めることができる。（知） 一次関数 $y=3x+4$ について，x の値が次のように増加するときの y の増加量を求めましょう。 ① x の値が1から2まで増加するとき ② x の値が1から5まで増加するとき
5	・一次関数のグラフは，その式をみたす点の集合で，1つの直線であることに気づくとともに，一次関数のグラフの切片の意味を知る。（知） 一次関数 $y=2x+3$ のグラフはどうなるでしょうか。
6	・一次関数の2つの数量の関係を表す式，グラフの相互関係について考察することを通して，一次関数のグラフの傾きの意味に気づく。（知） ①の直線は一次関数 $y=2x+3$ のグラフです。②，③の直線はア，イのどちらのグラフでしょうか。 ア　$y=x+3$　　イ　$y=3x+3$ 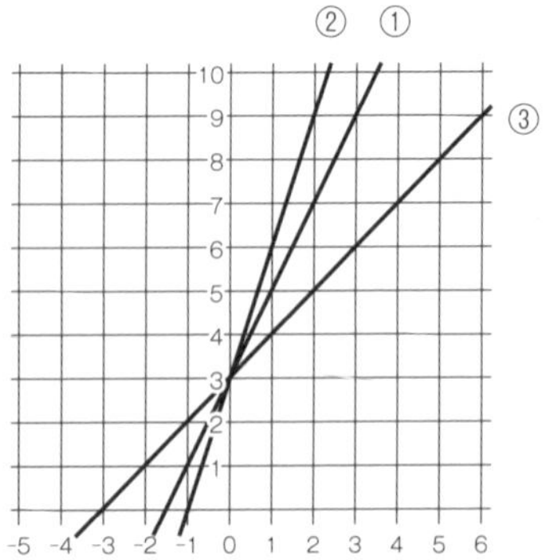

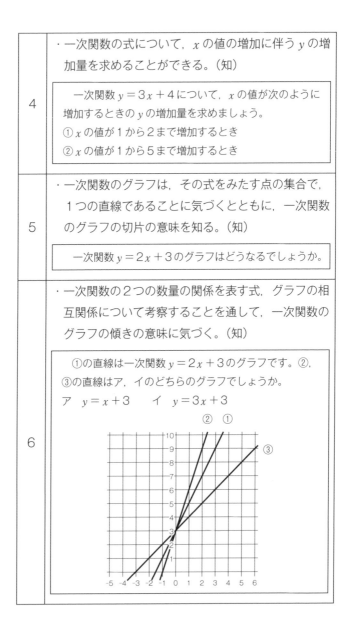

7	・一次関数の２つの数量の関係を表す式，グラフの相互関係について考察することを通して，一次関数の特徴に基づいて，グラフで表すことができる。（知） 一次関数 $y=-2x+3$ のグラフをかきましょう。
8	・一次関数のグラフから直線の式を求めることができる。（知） ・１点の座標と切片や傾きから直線の式を求めることができる。（知） 次の図の直線は，一次関数のグラフを表しています。このグラフについて，y を x の式で表しましょう。 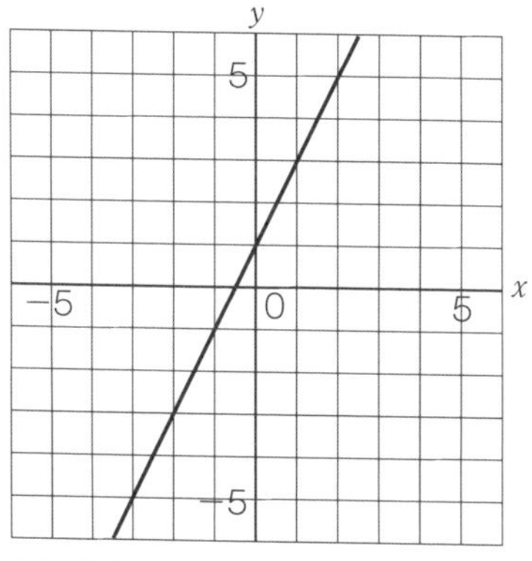 次の直線の式を求めましょう。 ①点（8，8）を通り，切片が12 ②点（2，5）を通り，傾きが－３
9	・わかっている条件から直線の式を求めることを通して，２点の座標から直線の式を求めることができる。

	（知） 2つの点（2，5），（3，2）を通る直線の式を求めましょう。
10	・一次関数の特徴に関する練習問題に取り組み，これまで学習したことがどの程度身についているかを自己評価することができる。（知） ・これまでの学習を振り返り，振り返りシートにわかったことや疑問などを記述することを通して，その後の学習を見通すことができる。（態）

小単元2　一次関数と方程式

時間	・目標（重点的に生徒の学習状況を見取る観点） 問題
11	・二元一次方程式を一次関数としてみることができるとともに，二元一次方程式のグラフをかくことができる。（思） 二元一次方程式 $x+y=3$ の解を座標とする点の全体を表したものは，どのようになるでしょうか。
12	・二元一次方程式 $ax+by=c$ について，定数 a，b，c のいずれかに0を代入したグラフをかくことを通して，二元一次方程式の特殊な場合のグラフの特徴に気づく。（思）

	二元一次方程式 $ax+by=c$ について，a，b，c の値が次のときのグラフをかきましょう。 ① $a=2$，$b=1$，$c=0$ ② $a=0$，$b=1$，$c=3$ ③ $a=1$，$b=0$，$c=4$
13	・２つの二元一次方程式のグラフの交点の座標を求めることを通して，座標平面上の２直線の交点の座標は，連立方程式の解として求められることを説明することができる。(知) 次の図で，直線①は二元一次方程式 $3x-y=-6$ のグラフ，直線②は $3x+y=18$ のグラフです。 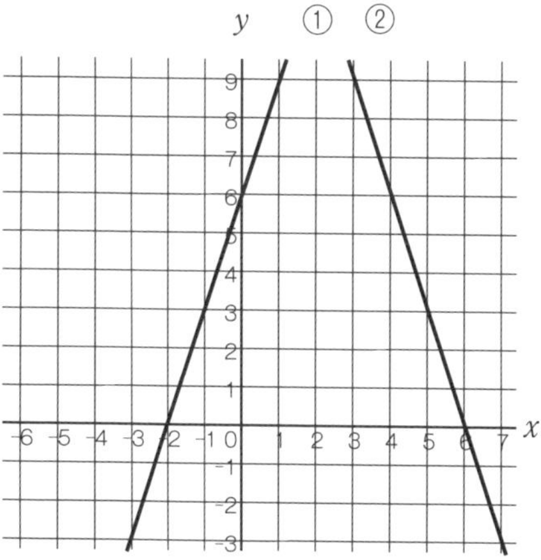 直線①と②のグラフの交点の座標を求めましょう。

小単元３　一次関数の利用

時間	・目標（重点的に生徒の学習状況を見取る観点） 問題
14	・変域を考える必要がある問題に取り組むことを通して，変域のあるグラフをかくことができるとともに，x の変域から y の変域を求めることができる。（知） 周の長さが12㎝である二等辺三角形の２つの等しい辺の長さを x ㎝，底辺の長さを y ㎝とするとき，y を x の式で表すと，$y=-2x+12$ と表せます。 このとき，この式のグラフはどんなグラフになるでしょうか。
15	・長方形の辺上の点が動いたとき，頂点と動点を結んでできる三角形の面積について考察することを通して，具体的な事象から２つの数量を取り出し，その関係を表，式，グラフを用いて表現することができる。（思） 長方形ＡＢＣＤで点ＰはＡを出発し，長方形の辺上を，Ｂ，Ｃを通ってＤまで動きます。 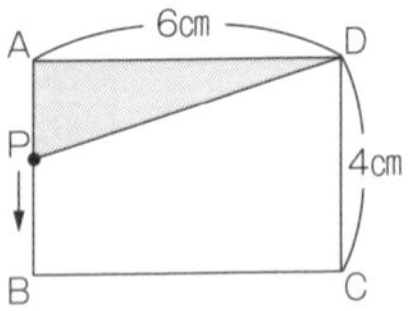 点ＰがＡから x ㎝動いたときの△ＡＰＤの面積を y ㎠にするとき x と y の関係をグラフに表すと，どんなグラフになるでしょうか。
16	・動画教材の主人公の立場になって，何が問題なのかを把握し，枚数と代金の関係を表に表したり，グラ

	フをつくり考えたりすることを通して，一次関数を用いて事象を捉え，２つの店の代金のどちらが安いのかを，Ｔシャツの枚数と代金の関係を表したグラフを基にして説明することができる。（思） ［練習用の１枚2000円のＴシャツを５枚以上買いたい。「５枚以上購入で3500円引き」というＡ店と「何枚買っても20%割引」というＢ店では，どちらの方が安く買えるでしょうか。わかったことをもとに，主人公にアドバイスしましょう。］
17	・現在から経過した時間と保冷バッグに入れたペットボトル飲料の温度の関係が一次関数と言えるかどうかを，表やグラフなどを用いて考察することを通して，現実的な事象における２つの数量の関係を一次関数とみなして事象を捉え，未知の値を予測することができる。（思） ［休日に友人と鶴ヶ岱公園でテニスをする計画をしています。飲み物を冷たいと感じる温度は，10℃以下と言われています。保冷バッグに入れたペットボトル飲料を10℃以下に保てる時間は何分くらいでしょうか。］
18	・気温が標高の一次関数であるとみなし，富士山の６合目の気温を予測することを通して，現実的な事象から２つの数量を取り出し，理想化・単純化することにより，その関係を一次関数とみなして問題を解決することができる。（思）

	富士山６合目までの登山を計画している友人がいます。服装についてアドバイスするために，過去の富士山の近くにあるいくつかの地点の平均気温のデータから，富士山６合目の気温を予想しましょう。

単元のまとめ

時間	・目標（重点的に生徒の学習状況を見取る観点） 問題
19	・単元全体の学習内容についてのテストに取り組み，単元で学習したことがどの程度身についているかを自己評価することができる。（知）（思） ・これまでの学習を振り返って，振り返りシートに分かったことや疑問，問題の解決に有効であった方法などを記述することを通して，学習の成果を実感できる。（態）

①単元の学習内容についての生徒の既習事項を把握する

すべての生徒が基礎・基本を確実に身につけ，生徒が自らの特性を生かして発展への意欲を高めていけるように単元の指導計画を作成するためには，生徒の既習事項を把握し，適切な目標や問題を設定しなければいけません。

そこで，中学校の教科書だけでなく，小学校でもどの会社の教科書で，どのように学んできたのかを確認するようにします。また，できるならば，高校でどんな学習につながっていくのかも教科書等を使って確認できると，教材研究が深まるのでおすすめです。

具体的な事象の中から２つの数量を取り出し，それらの変化や対応を調べることについての中学２年の学習は，小学４年の「変わり方」「ともなって変わる２つの数量の関係」，小学６年と中学１年の「比例と反比例」の学習に続いて設定されています。小学校と中学校における比例の学習では，比例の定義が異なります。比例は，小学校では「一方が２倍，３倍…になれば，他方も２倍，３倍…となる」と定義されますが，中学校では $y=ax$（a は定数）という式で定義されます。小学校と中学校で比例の定義が違う理由は，小学校では数の範囲が負でない有理数であるのに対して，中学校に入ると数の範囲が有理数全体に拡張されるからです。したがって，中学校の指導においては，有理数全体を意識させることが大切です。そして，中学２年の一次関数の学習は，比例の学習の発展と捉えられます。

②目標に沿っただれもが取り組める問題であるか吟味する

単元の指導計画で，生徒の実態把握を見誤り，まったく手がつかないような問題ばかり設定していては，生徒は考えようとしなくなります。したがって，まずは既習内容を使えば，何らかの解決ができる問題を設定します。そして，その解決では，「途中まで」「間違い」「素朴な方法」であっても認めるようにします。

ここでは第３時を例に説明します。「割合」は，例えば，人口密度のように，１つの数量に着目しただけでは比べられないような数量を比較する際に威力を発揮するものです。そこで，１つの数量の増加量だけに着目しただけでは変化の様子を適切に比べられないような問題を設定します。

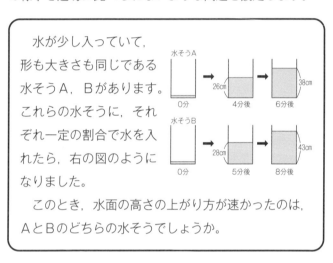

水が少し入っていて，形も大きさも同じである水そうＡ，Ｂがあります。これらの水そうに，それぞれ一定の割合で水を入れたら，右の図のようになりました。

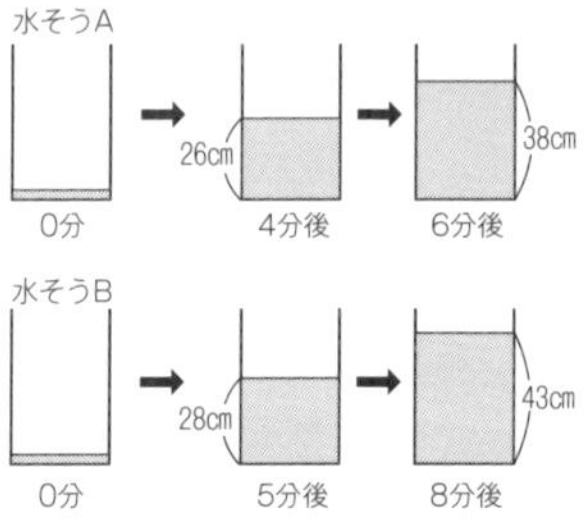

このとき，水面の高さの上がり方が速かったのは，ＡとＢのどちらの水そうでしょうか。

この問題は，「水面の高さの上がり方が速かったのは，ＡとＢのどちらの水そうか」について考えるときに，水面の高さの上がり方にのみ着目すると，水そうＡが38－26＝12で12㎝，水そうＢが43－28＝15で15㎝より，水そうＢの方が水面の高さの上がり方が速かったと誤った判断をしてしまいます。問題解決では，それぞれの水そうについて，水面の高さの変化を経過した時間でわることにより，すべての生徒が正しい判断をすることができるようになります。

この問題のように，「ＡとＢのどちらか」といったように生徒が何らかの立場をもてる問題とすることや，１つの数量の増加量にのみ着目すると誤った判断をしてしまうように数値を工夫することが，「目標に沿っただれもが取り組める問題」づくりの視点と考えられます。

相馬一彦先生の主張（2016）を参考にすると，「生徒が何らかの立場をもてる問題とすること」については，「AとBのどちらか」と選択させるだけではなく，「わかるのかわからないのか」も含め，どちらの立場なのかを選択させることができれば十分です。そして，わかる場合には○，わからない場合には×をノートに書かせるだけでも，すべての生徒に自分の立場をもたせられます。数値を工夫する，図の向きや大きさを工夫する，できるだけ単純な形にする，よくあるつまずきを生かす，等に配慮することができれば，一層よい問題がつくれると考えます。

また，相馬先生の主張を参考にすると，「目標に沿っただれもが取り組める問題」づくりの視点として，理由や方法・手順より結果を先に問う事が考えられます。

生徒に，はじめから「～（事柄）が成り立つ理由を考えよう」「～（事柄）を調べる方法（もしくは，手順）を考えよう」と働きかけても，生徒に考える必要感は生じません。そこで，結果を先に問うことによって，考える必要感を生み出します。例えば，次のような問い方があります。

・「～は何でしょうか」「～はどうなるでしょうか」「～にはどんな関係がありそうでしょうか」「～にはどんな性質がありそうでしょうか」（「What」で問

うタイプ）
・「～はどれでしょうか」「～はどちらでしょうか」（「Which」で問うタイプ）
・「～はどこでしょうか」（「Where」で問うタイプ）
・「～としてもよいでしょうか」「～は正しいでしょうか」（「True or False」で問うタイプ）」

↓

「なぜ」「どうして」（Why）や「どのように」（How）と問い返し，理由や方法・手順を考える必要感をつくる

私の最近の実践では，このような問い方を意識して問題を設定することが多く，これらの問いかけをした後に，「なぜ」「どうして」（Why）や「どのように」（How）と問い返します。そうすると，理由や方法・手順を考える必要感を自然な文脈で生み出すことができます。

③目標に応じた指導の重点を明らかにし，学習活動の時間配分をする

個に応じた指導の趣旨を踏まえた単元の指導計画を作成するために，内容のまとまりごとに，目標を適切に設定します。そして，その目標に応じた指導の重点を明確にし，学習活動の時間配分をしていきます。では，どのように時間配分することが考えられるでしょうか。

前章で示した「問題解決の授業」の基本的な指導過程を

基に述べます。

①問題を理解する
「おや？」「なぜ？」（目標，必要感）
②課題を捉える
「考えてみよう」「やってみよう」（学習意欲）
③課題と問題を解決する
「なるほど」「わかった」（達成感，充実感）
④解決過程や結果を振り返る
「はっきりした」「つながった」「…だったら？」（新たな目標，必要感）

各段階の時間は，指導の目標に応じて柔軟に設定することが考えられます。

例えば，次の５つのタイプに分けられます。

A　①や②に時間をかける場合

B　③に時間をかける場合

C　④に時間をかける場合

D　50分（1単位時間）で2周指導過程を通す場合

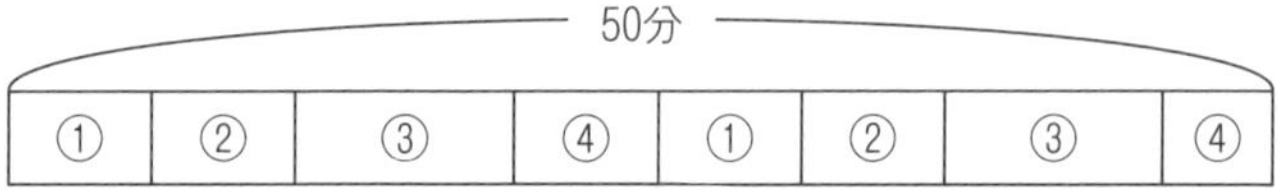

E　100分（2単位時間）で指導過程を通す場合

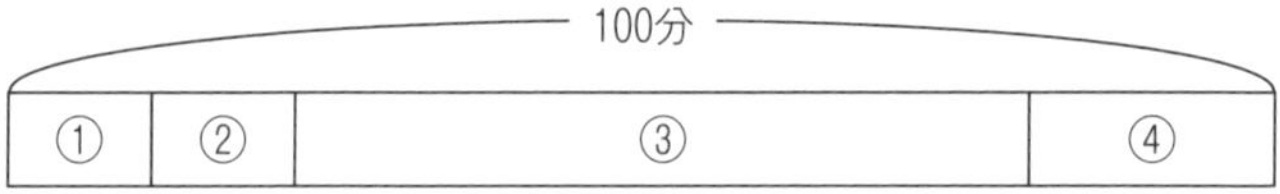

※Eはどのタイミングで1単位時間を区切るのか検討しておくことが必要（いきあたりばったりの指導はNG）

第4時では，目標を「一次関数の式について，xの値の増加に伴うyの増加量を求めることができる」と設定し，次の問題を位置づけました。

> 一次関数$y=3x+4$について，xの値が次のように増加するときのyの増加量を求めましょう。
> ①xの値が1から2まで増加するとき
> ②xの値が1から5まで増加するとき

一次関数の式について，x の値の増加に伴う y の増加量を求めることができるようにするためには，練習問題に取り組む時間を十分に確保することも重要です。

平成30年度全国学力・学習状況調査A⑪「一次関数 $y = ax + b$ について，x の値の増加に伴う y の増加量を求めることができるかどうかをみる」ことを趣旨とした問題の結果からも，全国的に指導に課題があるとされています。

（1）一次関数 $y = 2x + 7$ について，x の値が1から4まで増加したときの y の増加量を求めなさい。

問題番号			解答類型	反応率（%）	正答
⑪	(1)	1	6　と解答しているもの。	46.3	◎
		2	2　と解答しているもの。	5.7	
		3	3　と解答しているもの。	2.4	
		4	9　と解答しているもの。	0.5	
		5	15　と解答しているもの。	5.0	
		6	7　と解答しているもの。	1.2	
		7	9から15まで　と解答しているもの。	3.5	
		99	上記以外の解答	21.0	
		0	無解答	14.4	

そこで，指導過程④（解決過程や結果を振り返る）に十分に時間をかけるタイプCのように時間配分し，補充的な学習指導における指導の個別化を目指しました。

練習問題に取り組ませる前までには，x の値の増加に伴って，y の値がどのように変化するかを表を使って調べる活動を取り入れました。例えば $y = 3x + 4$ について考察する際には，x の値が1から2まで1増加するときの y の増加量は3であり，x の値が1から5まで4増加するときの y の増加量は12であることを，x と y の表で確認する活動です。この順に考察するように促すことで，y の増加量は変化の割合と x の増加量の積になっていることに気づけるようにしました。この指導を踏まえて，教科書の問題で練習する時間を25分程度設定しました。

④自らを見つめ直す場として，「学習を振り返る時間」を設定する

この単元では，第10時と第19時を「学習を振り返る時間」としました。この時間を設定し，学習を振り返ることによって，自らの足りない部分に気づき，次の学びに向かうことにもつなげられます。単元の学習指導の過程では，内容理解が十分でなく補充的な学習が必要な生徒もいれば，内容を十分に理解しており発展的な学習に意欲をもっている生徒も出てくるものです。この点に配慮して，単元の中間（第10時）や最後の段階（第19時）で，個々の生徒に応じて，補充や回復，深化や発展などに取り組める時間を設定するようにしています。

第10時では，第１～９時の内容を踏まえた小テストを実施しました。例えば，次のような問題（令和４年度全国学力・学習状況調査4）です。この問題の趣旨は，変化の割合の意味を理解しているかどうかです。「ア」を答えることができるかどうかで評価しました。「ア」と答えられない生徒には，変化の割合を第３時のノートや板書（p.65），教科書を見直して確認し，変化の割合の定義についての知識を身につけられるようにしたり，xが１ずつ増えた表をかかせて，変化の割合の意味についてxとyの関係に基

4 下のアからエまでの表は，y が x の一次関数である関係を表しています。この中から，変化の割合が2であるものを1つ選びなさい。

ア

x	…	-6	-4	-2	0	2	4	6	…
y	…	-11	-7	-3	1	5	9	13	…

イ

x	…	-6	-4	-2	0	2	4	6	…
y	…	-5	-3	-1	1	3	5	7	…

ウ

x	…	-6	-4	-2	0	2	4	6	…
y	…	-2	-1	0	1	2	3	4	…

エ

x	…	-6	-4	-2	0	2	4	6	…
y	…	-7	-4	-1	2	5	8	11	…

づいて理解できるようにしたりするなどして，補充的な学習指導における指導の個別化を目指しました。

第19時では，振り返りシートを使って，生徒一人ひとりが単元全体を振り返りました。

振り返りシートは，以下の３つで構成されています。

①わかったこと・大切な考え
②まだはっきりしないこと・知りたいこと
③単元末のポイント

そして，「今までのどんな学習とつながっていたか」「単元の学習で使った大事な考え方や知識は何だったか」「単元の学習を通して，できるようになったこと，これから使えそうなことは何か」といったことを意識しながら，振り返りを記述するように指導します。

わかったこと・大切な考え	まだはっきりしないこと・知りたいこと
（一部省略）この問題は，$y = ax + b$と表せるのか，表せるのならば，aとbの値はなんなのか，という視点で考えることが一番大事だと思った。理由は，$y = ax + b$の式を活用すればグラフがかけて，より簡単に問題を解くことができ，どれだけ数が多くても，代入することができるから。また，変化の割合の求め方も大事だと思った。問題で様々な場合が考えられるとき，変化の割合を使えばaを求めることができて簡単にその問題を解くことができるから。	（一部省略）だいたいのグラフをかいて問題を解決すること。xとyの値が示されていないため，具体的にグラフがかけず，頭が混乱してしまうことがあった。だいたいの数をいくつか想定して，自分なりにその問題に合うグラフをかいて，解決していきたい。

単元末のポイント

今回の単元は，7年生のころにやった「比例」という単元とつながると思う。理由は，xとyの値はどういう関係にあるのか，という考え方が似ていると思ったから。7年生のころの「比例」と違うところは，bがあるところ。そのため，グラフも原点ではなくbを通った直線である。そして，私が大切だと思ったことは3つある。1つ目は，$y = ax + b$という式を活用すること。理由は，$y = ax + b$の形の式にすることで，その問題をより簡単に解くことができ，グラフもかくことができるから。2つ目は，変化の割合の求め方。理由は，変化の割合＝aになるので，もしaがわからない場合，変化の割合を用いてaを求めることができるから。そして最後3つ目は，グラフのかき方。理由は，一次関数の問題はグラフを書いて求めることが多いから。例えば，一次関数の式が示されて，そのグラフを書くときや文章題では，グラフをかくことによってその答えを可視化することができて，より簡単にその問題を解くことができる。これら3つの大切だと思うことを一次関数の問題を解くときは意識してがんばりたい。

振り返りシートにおける生徒の記述例

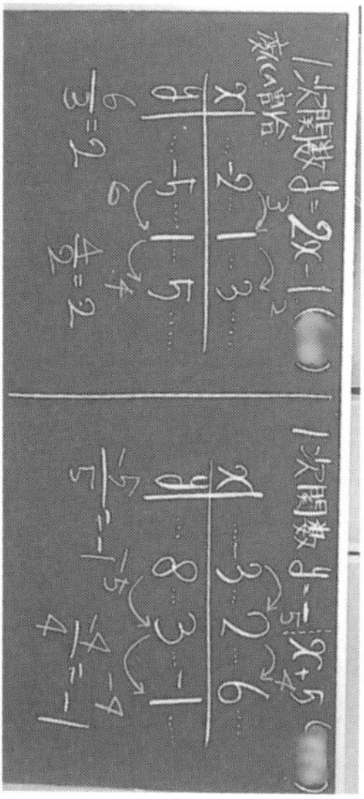

第３時の板書

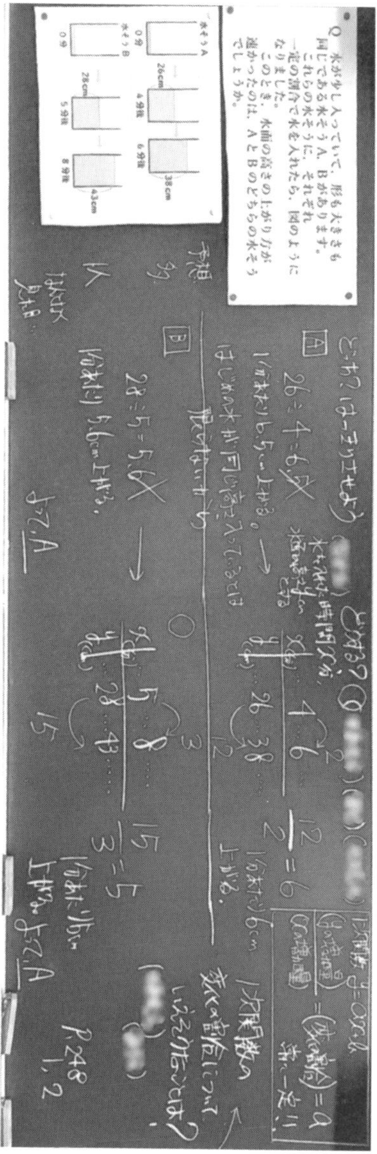

次章の「無理なく進める個別最適な学びの具体例」では，本章で説明してきた以下の留意点を踏まえ，「個別最適な学びと協働的な学びの一体的な充実を目指す授業づくり」「指導の個別化や学習の個性化を位置づけた授業づくり」の具体例を提案していきます。

①単元の学習内容についての生徒の既習事項を把握する。
②目標に沿っただれもが取り組める問題にするために，次の条件について考え，それに照らして吟味する。
・生徒の学習意欲を引き出すことができるか。
・問題の解決過程で新たな指導内容を身につけさせることができるか。
③目標に応じた指導の重点を明らかにし，学習活動の時間配分をする。
④自らを見つめ直す場として，「学習を振り返る時間」を設定する。

単元の指導計画を作成する際の留意点

①単元の学習内容についての生徒の既習事項を把握する。

②目標に沿っただれもが取り組める問題にするために，次の条件について考え，それに照らして吟味する。

・生徒の学習意欲を引き出すことができるか。

・問題の解決過程で新たな指導内容を身につけさせることができるか。

③目標に応じた指導の重点を明らかにし，学習活動の時間配分をする。

④自らを見つめ直す場として，「学習を振り返る時間」を設定する。

個別最適な学びを
無理なく実現するために…

指導の個別化（支援の必要な生徒や生徒一人ひとりの特性や学習進度，学習到達度を把握する）

・授業中に生徒の個別の「わからなさ」を把握する。

・練習問題や小テストなどで把握する。

学習の個性化（生徒一人ひとりに応じた学習活動や学習課題に取り組む機会を設定するためにできること）

・教材研究を深める。

・生徒が自分自身で選択できるようにする。

・適切なタイミングで設定する。

【引用・参考文献】
・学事出版（2022）『スクールプランニングノート　中学・高校教師向け［Bタイプ］』
・文部科学省（2003）『個に応じた指導に関する指導資料―発展的な学習や補充的な学習の推進―（中学校数学編）』教育出版
・教育出版教科書（2020）『中学数学２』
・相馬一彦・國宗進・二宮裕之（2016）『理論×実践で追究する！数学の「よい授業」』明治図書

第3章
無理なく進める個別最適な学びの具体例

1　個別最適な学びと協働的な学びの一体的な充実を目指す授業づくり❶

第1章で確認した通り，授業づくりの際には，個別最適な学びの視点からのみで単元・授業をデザインするのではなく，あくまでも個別最適な学びと協働的な学びを一体的に充実させるという視点でデザインすることが重要です。

①単元の指導計画例

ここでは3年「多項式」の単元の指導計画を見ていきます。なお，本章で示す単元の指導計画例の学習内容中の③，④は，第2章で示した「単元の指導計画を作成する際の留意点」の③，④に対応しています（p.67をご確認ください）。また，A～Eは，第2章で示した指導過程別の5つのタイプを示しています（p.59～60をご確認ください）。

節	時	学習内容
多項式の計算	1	単項式と多項式の乗法で，単項式に文字が含まれている式は，どのように計算すればよいのかな？　③A
	2	多項式と多項式の乗法は，どのように計算すればよいのかな？　③C
	3	$(x+a)(x+b)$ の形の式を素早く展開するには，どうすればよいのかな？　③C
	4	$(a+b)^2$，$(a-b)^2$，$(a+b)(a-b)$ の形

		の式を素早く展開するには，どうすればよいのかな？　③D
	5 6	これまでに学んだ乗法公式を使って計算するには，どうすればよいのかな？　③C
	7	小単元で学習したことがどの程度身についているかを自己評価しよう。④
因数分解	8	多項式をいくつかの式の積の形に表すには，どうすればよいのかな？　③B
	9	a^2-b^2，$a^2+2ab+b^2$，$a^2-2ab+b^2$の形の式の因数分解は，どうすればよいのかな？ ③D
	10	$x^2+(a+b)x+ab$の形の式の因数分解は，どうすればよいのかな？　③C
	11 12	これまでに学んだ因数分解の公式を使って因数分解するには，どうすればよいのかな？　③C
	13	小単元で学習したことがどの程度身についているかを自己評価しよう。　④
式の計算の利用	14	展開や因数分解の公式を利用して，数の計算をするには，どうすればよいのかな？　③C
	15	「連続する２つの偶数の積に１をたした数は，連続する２つの偶数の間の数の２乗になる」ことがいつでも成り立つことを説明しよう。③B
	16	成り立つ事柄の条件を変えたときに，それがいつでも成り立つのかどうかを説明しよう。③B
	17	速算方法「一の位の数が５で十の位の数が同じ２桁の数の乗法では，下２桁は一の位の５の積で25，３桁目以上は（十の位の数）×（十の位の

		数＋1）になる」の仕組みを説明しよう。 ③B
	18	一の位の数が5ではなく十の位の数が同じ2桁の数の乗法でも，同じ方法（下2桁は一の位の数の積で，3桁目以上は（十の位の数）×（十の位の数＋1）になる）で計算できる数の組合せはあるのかな？　③B
単元のまとめ	19	単元全体の学習内容についてのテストに取り組み，単元で学習したことがどの程度身についているかを自己評価しよう。④

この単元では，すでに学習した計算の方法と関連づけて，新たな式変形の方法を見いだし，それを活用できるようにすることを目標としました。第1～13時では，単項式と多項式の乗法，多項式を単項式でわる除法，一次式の乗法を扱い，さらに公式を用いた式の展開と因数分解を学習しました。これらの計算の基礎となる考え方は，小学校で学習し，中学1，2年でも活用してきた結合法則や交換法則，分配法則などの計算法則です。中でも，分配法則を用いてかっこのついた式を展開したり，多項式のそれぞれの項の共通因数をくくり出したりする計算は，式の展開や因数分解の基本的な考え方になります。このような計算法則をうまく使っていくためには，多項式を項の和としてみる見方や，必要に応じて項のまとまりを1つの項としてみて，計算法則を適用していくという考え方が重要です。

②授業例１

内容のまとまり（小単元や単元）の終盤で，身につけた資質・能力を基に学習に取り組む場面

第５，６時や，第11，12時では「式をひとまとまりとみる」ことで，式を展開する方法や因数分解する方法を，すでに学習した計算の方法と関連づけて考察するように設定しました。この時間は，「すでに学習した計算の方法と関連づけて，新たな式変形の方法を見いだす学び方を学ぶ」ように働きかけていきました。

そして，小単元の終盤である第７時では第１～６時，第13時では第８～12時の内容を，それぞれ振り返って教科書の問題に取り組み，内容を生徒一人ひとりの特性や学習進度に合わせて身につけられるようにしました。具体的には，教科書の問題を解く過程でよく見られる誤りを，小単元の学習内容を振り返りながら指摘し，それを改善する活動を通して，式の展開や因数分解をする際の注意点を整理しました。次に，全体で注意点を共有し，共有した注意点のうち「自分自身が一番気をつけたいもの」を選ぶ場面を設定し，指導の個別化を目指しました。

単元の終盤である第14～18時では，第13時までの学習を生かし，事象の仕組みを説明することを学習しました。この学習では，事象の仕組みを説明するために式を変形する，文字式から新たな仕組みを見いだすという考え方が重要です。そこで，第15時，第17時では，「原題の問題解決を通して，事象の仕組みを探究することについての学び方を学ぶ」ように働きかけていきました。そして，第16時や第18時では，前時に学習したことを踏まえて，「原題の条件を変更しても成り立つのか」「原題の条件を変更させたときの説明ともとの原題についての説明とを比較し，仕組みを成り立たせるためにどんな条件が効いているのか」を探究する時間としました。

第16時

第15時では，目標を「連続する２つの偶数の積に１を加えた数がどんな数になるのか予想し，それがいつでも成り立つことを説明することができる」として，次の問題を扱いました。

> ２×４＋１＝９
> ４×６＋１＝25
> ６×８＋１＝49
> …
> 「連続する２つの偶数の積に１をたした数は，□□□になる」
> □□□にはどんな性質が入るでしょうか。

この問題は，「連続する２つの偶数の積に１をたした数には，どんな性質がありそうか」と「What」で問うタイプの問題です。そして，生徒が考えた「奇数の２乗」「奇数」「はじめの数に１をたした数の２乗」「連続する２つの偶数の間の数の２乗」の中の「連続する２つの偶数の間の数の２乗」について，「いつでも成り立つのかな？」と「Why」で問い，命題が成り立つ理由を考える必要感を生み出しました。

この学習を踏まえ，第16時では，目標を以下のようにしました。

①前時で学習した命題「連続する２つの偶数の積に１を加えた数は，連続する２つの偶数の間の数の２乗になる」の条件を変更した命題が，いつでも成り立つことを説明することができる。
②命題がいつでも成り立つことについての説明から読み取ったことを基にして，その一般的な命題「ある数 s とそれと２t 離れた数の積に t^2 をたすと，ある数 s とそれと２t 離れた数の間の数の２乗になる」がいつでも成り立つことを見いだす。

授業では，条件変更の視点を示し，数直線や面積図を基にして，はじめの命題と条件変更をした命題を統合的に捉える姿を引き出せるように働きかけました。学習の個性化を図る際には，このように，探究する「きっかけ」となる視点を全体で共有したうえで，その中から生徒一人ひとりに選択させ探究へと誘うことが大切であると考えます。

具体的な生徒の学びの様子は，次ページの通りです。

「ある整数とそれと２離れた整数の積に１をたすと，ある数とそれと２離れた整数の間の数の２乗になる。」

理由の説明

ある整数をnとすると、ある整数と、それと2離れた整数は n, n+2 と表せる。よって、それらの積に1をたすと、

$n(n+2)+1 = n^2+2n+1$

$= (n+1)^2$

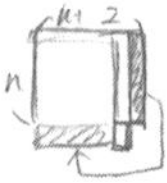

n+1はある整数nとそれと2離れた整数n+2の間の数である。したがって、ある整数とそれと2離れた整数の積に1をたすとある整数とそれと2離れた整数の間の数の2乗になる

「ある整数とそれと 4 離れた整数の積に 4 をたすと，ある数とそれと 離れた整数の間の数の２乗になる。」

理由の説明

ある数をnとするとある整数とそれと4離れた整数は n, n+4 と表せる。よって、それらの積に4をたすと、

$n(n+4)+4 = n^2+4n+4$

$= (n+2)^2$

$n(n+22)+121$

$= n^2+22n+121$

$= (n+11)^2$

n+2は、ある数とそれと4離れた数の間の数である。したがって、ある整数とそれと4離れた整数の積に4をたすとある整数とそれと4離れた整数の間の数の2乗になる。

面積図

OK

「ある数 S とそれと 2t 離れた整数の積に t^2 をたすと，ある数 S とそれと 2t 離れた整数の間の数の２乗になる。」

理由の説明

ある数Sとそれと2t離れた数は S, S+2t と表せる。したがって それらの積にt^2をたすと、

$S(S+2t)+t^2$

$= S^2+2St+t^2$

$= (S+t)^2$

S　S+t　S+2t

S+tは、ある数Sとそれと2t離れたS+2tの間の数になる。したがって、ある数Sとそれと2t離れた整数の積にt^2をたすとある数Sとそれと2t離れたS+2tの間の数の2乗となる。

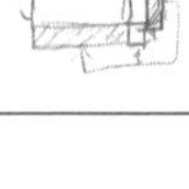

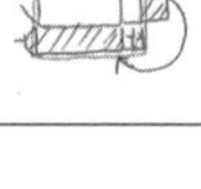

OK

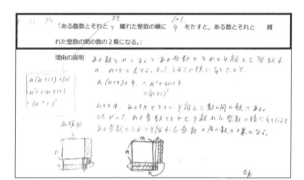

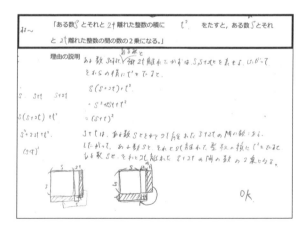

第19時

単元の最終盤である第19時では，生徒一人ひとりに単元全体を振り返らせ，１時間ごとの学習のつながりを意識させました。振り返りは，第２章で紹介した，３つの内容で構成された振り返りシートを使って記述します。

わかったこと・大切な考え

展開のときは，１年生や２年生で行ったような展開ではなくて，規則によって簡単に計算できることがわかったし，展開の公式について「最初の公式をもとにして」というところが一番の学びであり，今までの数学で習ってきたことや根本となるものがあるとさらに簡単にできたり工夫が進むのだとわかった。また，式の形によっては今までやってきた代入や他にも置き換えなどの知識も使いながら工夫できるとわかった。因数分解については式の展開をもとにして考えることが大切な考えだとわかった。式の展開で展開された式をもとの展開される前の式に戻すわけであるから，「逆の考え」「もとにすると」が考えるうえで大切なことだとわかった。因数分解においてもものによって他の知識も使って計算を工夫できるとわかった。また，文字で展開や因数分解を行なっているが，数字になり，その数字を簡単に計算したいときは，公式に当てはめたりして計算すると簡単になるとわかった。性質の証明については，文字を使ったものに置き換えることとそれを展開，因数分解の公式を使って変形し，結論を示す形にできるのかが重要であり，様々な公式に当てはめたり，ときどき代入なども使っていくと証明に近づくことができるとわかった。

まだはっきりしないこと・知りたいこと

私は数字になったときに公式を使うことが苦手なので，どんな数字のときにどの公式が適しているのかがまだはっきりしていないことで，またそれに関しての判断が遅い。どこに当てはめたらスッキリ計算できるのかを具体例とか演習を通して知っていきたい。他には，証明をするときに性質をどのように発展させられるのか知りたい。

単元末のポイント

式の展開

四つの公式「$x^2+(a+b)x+ab$」「$x^2+2ax+a^2$」「$x^2-2ax+a^2$」「x^2-a^2」がポイントで，これによって計算が工夫される。これに当てはまらない場合でも部分的に活用したり，置き換えて代入すると工夫可。

因数分解

上の公式を元にして当てはめて考えることがポイント「逆の発想」。また因数分解も同じように置き換えたりして，複雑なものも工夫ができる。

数字になると

展開と因数分解の公式を使い，数字を分けたり，部分部分で計算したりしながら行うと大きな数字であっても簡単に計算が可能になる。

証明

様々なことを表すが，最終的に証明したいことになっている式をつくりたいわけだから，上の公式や置き換えや代入など計算の知識を使って結論を表すための式へ変形することが大切。

振り返りシートにおける生徒の記述例

③授業例２

内容のまとまり（小単元や単元）の序盤や中盤で，
資質・能力を育む場面

ここでは第６時の授業を取り上げます。この時間のように，指導の個別化と学習の個性化，そして協働的な学びが，１つの授業の中で同時に行われるのも自然なことです。

本時は，目標を「項が３つある多項式同士の乗法や四則の混じった計算は，どのように展開したり，計算したりすればよいのか説明することができる」として，次の問題を扱いました。

> 1　$(a+b+3)(a+b+2)$ を展開しましょう。
> 2　$(x-2)^2+(x+4)(x+1)$ を計算しましょう。

この問題は，それぞれの式を展開，計算するとどうなるのかと「What」で問うタイプの問題です。そして，生徒が気づいた既習事項との違いを踏まえて，「どのように式を展開や計算すればよいのかな？」と「How」で問い，展開や計算の方法を考える必要感を生み出しました。

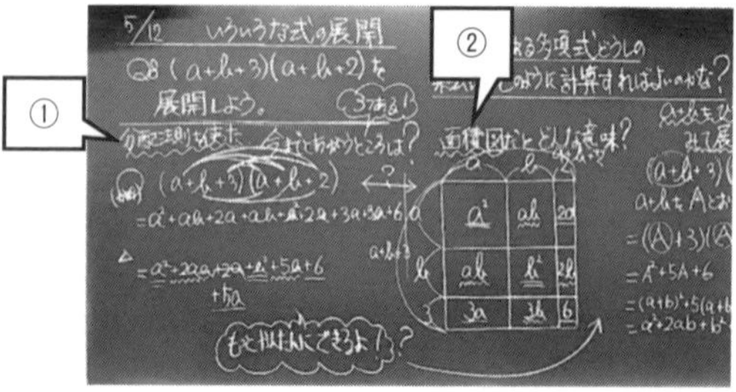

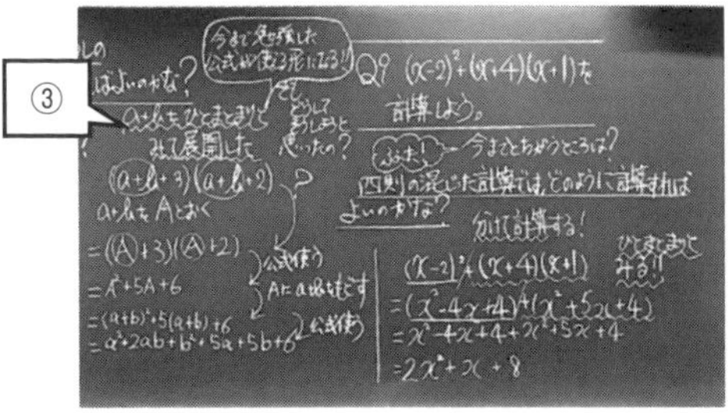

式をどのように展開すればよいのか問いかけて机間指導すると，①（分配法則），②（面積図），③（$a+b$ をひとまとまりとみる）の考えが見られました（面積図による考えは，単元で一貫して扱い続けてきました）。①と②の考えを関連づけて確認した後，③の考えの一部を全体に共有して，協働的な学びを展開しました。

T　「＝(A＋3)(A＋2)」って考えている人がいるんだけど，この人の気持ち，わかるかな？

S　突然Aって出てきて，よくわかんない。

T　「突然Aって出てきて，よくわかんない」っていう人がいるけど，みんなならなんてアドバイスするかな？（間を空けて）

T　隣の人にアドバイスする内容を伝えてみよう。

すると，小集団で次のようなやりとりが生まれました。

S　$a+b$ のところをAにしたんだよ。

S　$a+b$ のところを，なんでAにしたのかな？

S　AでもBでも，なんでもいいんだけど，変えたら今までやってきた形になるじゃん。
S　たしかに，この形ならできる。

このやりとりをしているところを机間指導で見取り，すかさず全体で共有しました。このように，指導の個別化として生徒の個別のわからなさを尋ねて，それを全体で共有し，個別での学習が進むように働きかけました。

このとき取り組んだ練習問題は次の通りです。

練習問題１　次の式を展開しなさい。

① $(x+y-1)^2$

② $(a+b+3)(a-b+3)$

練習問題２　次の式を計算しなさい。

① $(x+2)^2-(x+5)(x-3)$

② $(2a+1)(2a-1)-(a+8)(a+2)$

はじめに提示した問題１，２と比べたときに，ただ単に同じような問題を並べるだけではないようにしています。練習問題に取り組んで，式をどのように展開したり，計算したりすればよいのかを説明し合った後に，次のようなやりとりをしました。

T　取り組んだ練習問題は，少しずつ発展させて考えられるように工夫されています。問題ごとにどの部分を発展させていたのかな？

S　練習問題１の①では，問題１で使った乗法公式とは別の乗法公式を使うようになっている。

S　練習問題１の②は難しかった。

T　何が難しさにつながっていたのかな？

S　かっこの中で項を入れ替えないと，乗法公式が使えないところ。

T　こういった発展のさせ方があるのですね。ノートにメモしておきましょう。

さらに，練習問題１，２（共通の問題）に取り組んだ後には，類題に取り組むことを通して定着させていくか，自分なりに発展させた問題をつくる活動に取り組むことを通して充実させていくかを生徒に選択させました。

問題づくりに取り組んだ生徒には，どんなところを発展させたのか示すように伝えます。すると，練習問題に取り組んだ後のやりとりを踏まえて発展させたという生徒が多く見られました。このように，学習の個性化をねらう場面においても，「どんな発展のさせ方が考えられるのか」という視点で協働的に学んだことが生かされていきます。

2 個別最適な学びと協働的な学びの一体的な充実を目指す授業づくり❷

①単元の指導計画例

2年「一次関数」で，次のような単元の指導計画を立てた場合について考えていきます。

節	時	学習内容
一次関数の特徴	1	水面の高さが81㎝になるのが水を入れ始めてから何分後なのかは，どのように予想すればよいのかな？　③D
	2	yをxの式で表して，yはxの一次関数と言えるかどうかを判断しよう。③C
	3	水面の高さの上がり方が速かったのは，AとBのどちらの水そうか判断するにはどうすればよいのかな？　③C
	4	xが●から▲まで増加するときの，yの増加量はどのように求めればよいのかな？　③C
	5	一次関数$y=2x+3$のグラフは，どのようになるのかな？　③C
	6	一次関数$y=ax+b$のaの値とグラフの傾きぐあいにはどんな関係があるのかな？　③C
	7	一次関数$y=-2x+3$のグラフはどのようにかけばよいのかな？　③C
	8	一次関数のグラフから直線の式を求めるにはどうすればよいのかな？ 1点の座標と切片や傾きから直線の式を求めるにはどうすればよいのかな？　③D

	9	２点の座標から直線の式を求めるにはどうすればよいのかな？　③C
	10	小単元で学習したことがどの程度身に付いているかを自己評価しよう。④
一次関数と方程式	11	二元一次方程式 $x + y = 3$ の解を座標とする点の全体を表したものはどのようになるのかな？　③C
	12	二元一次方程式 $ax + by = c$ について，$a = 0$ や $b = 0$ のときのグラフは，どのようなグラフになるのかな？　③C
	13	２つのグラフの交点の座標はどのように求めればよいのかな？　③B
一次関数の利用	14	変域のあるグラフはどのようにかけばよいのかな？　③B
	15	長方形の辺上の点が動いたとき，頂点と動点を結んでできる三角形の面積はどのように変化していくのかな？　③B
	16	購入するＴシャツの枚数が５枚以上のとき，枚数によってどちらのお店の方が安く買えるか判断しよう。③B
	17	保冷バッグに入れたペットボトル飲料を10℃以下に保てる時間がおよそ何分くらいかは，どのように予想すればよいのかな？　③B
	18	富士山６合目の気温は，どのように予想すればよいのかな？　③B
単元のまとめ	19	単元全体の学習内容についてのテストに取り組み，単元で学習したことがどの程度身についているかを自己評価しよう。④

この単元では，関数関係に着目し，その特徴を一次関数の表，式，グラフを相互に関連づけて考察し，未知の値を予測することができることを目標としました。

②授業例

生徒の個別の「わからなさ」を把握し，
指導の個別化を行う場面

個別最適な学びと協働的な学びを一体的に充実させるためには，学習指導の課題が明らかになっている部分を把握し，指導を工夫することが大切です。特に，授業中に生徒は「どの内容で」「どんな困り方をするのか」事前に想定し，教師の働きかけの工夫を構想しておくことが，授業中に生徒の個別の「わからなさ」を把握し，指導の個別化を行うことにつながります。

第16時

第16時では，目標を「一次関数を用いて事象を捉え，2つの店の代金のどちらが安いのかを，Tシャツの枚数と代金の関係を表したグラフを基にして説明することができる」として，次ページの問題を扱いました。

なお，この授業はお茶の水女子大学附属中学校の藤原大樹先生が，NHK for School「アクティブ10マスと！」HPで提案している「『一次関数』活用案」を参考に実践したものです。

ユウリさんは，練習用の１枚2000円のＴシャツを５枚以上買いたいと考えています。何枚買うかはまだわかりません。「５枚以上購入で3500円引き」というＡ店と，「何枚買っても20％割引」というＢ店では，どちらの方が安く買えるでしょうか。わかったことを基に，ユウリさんにアドバイスしましょう。

この問題は，Ａ店とＢ店では，どちらの方が安く買えるのかという「Which」で問うタイプの問題です。わかったことを基に，主人公にアドバイスすることを目的として入れることで，他者意識をもって解決に向かうようにしました。そして，「購入するＴシャツの枚数によって，どちらのお店が安くなるのかは変わりそうだ」という生徒の声を生かし，「どのように判断すればよいのかな？」と「How」で問い，一次関数を利用して解決する方法を考える必要感を生み出しました。

本時の学習内容について，平成22年度の全国学力・学習状況調査中学校数学Ｂ③では，次ページのような問題が出題されており，その結果が公表されています。この問題の出題の趣旨は，「表やグラフで与えられた情報をよみ，『必要な情報をよみとり，事象を数学的に解釈すること』『問題解決の方法を数学的に説明すること』ができるかどうかをみる」です。設問ごとの趣旨と正答率は，(1)が「表やグラフから必要な情報をよみとり，事象を数学的に解釈することができるかどうかをみる」で正答率は54.4%です。(2)は「事象を数学的に解釈し，問題解決の方法を数学的に説明することができるかどうかをみる」で，正答率は31.3%です。正答率から，指導の改善が必要であることがうかがえます。

3 康平さんの所属するテニス部ではオリジナルTシャツを作ることにしました。そこで，無地のTシャツを持ち寄って，店にプリントを頼もうとしています。次の表は3つの店の料金をまとめたものです。

Tシャツのプリント料金

店	料　金
カラー工房	Tシャツ1枚につき200円です。
パレット印刷	製版代が3000円で， Tシャツ1枚につき100円追加されます。
染め屋	Tシャツ60枚までは何枚でも8000円です。

製版代は，プリントするときの元になる版をつくるために必要な料金のことです。

康平さんはプリントする枚数によってどの店の料金が安くなるかを調べるために，Tシャツを x 枚プリントしたときの料金を y 円として店ごとの x と y の関係を，次のようにグラフに表しました。

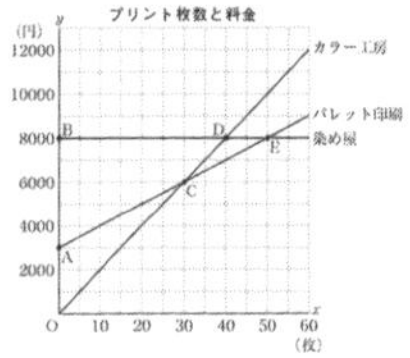

中数B－5

次の(1)，(2)の各問いに答えなさい。

(1) ある枚数のTシャツをプリントすると，パレット印刷と染め屋のどちらに頼んでも料金が同じになります。このときのTシャツの枚数は，グラフ上のどの点の座標から分かりますか。下のアからオまでの中から1つ選びなさい。

ア　点A　　イ　点B　　ウ　点C　　エ　点D　　オ　点E

(2) 康平さんの所属するテニス部でオリジナルTシャツの希望枚数をきいたところ，全部で35枚でした。Tシャツ35枚のプリント料金が最も安い店は，それぞれの店の料金を計算しなくてもグラフから判断できます。その方法を説明しなさい。

中数B－6

(2)について，本時では判断の根拠を問うたので，そのまま参考にすることはできませんが，この問題の解答類型と反応率（次ページ）より，本時でも２つのグラフの交点や上下関係に着目して考え，説明することを苦手とする生徒が一定数いることが想定されました。

そこで本時では，数学的な表現と具体的な事象との関係を結びつけて考えるように問いかけ，二つのグラフについて，「下になる」ことを「代金が安くなる」と解釈したり，

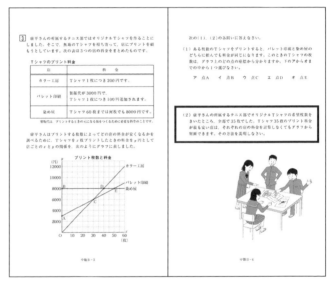

解答類型と反応率

問題番号		解答類型		反応率(%)	正答
3	(2)		（正答の条件） 次の(a)，(b) または (a)，(c)について記述しているもの。 (a)　グラフ上でx座標が 35 である点に着目すること。 (b)　上記(a)に対応するyの値を比較すること。 (c)　上記(a)に対応する点の位置の上下を比較すること。 （正答例） 例1　3つのグラフの中で，xの値が 35 のときのyの値が最も小さいグラフで表された店を選ぶ。（解答類型1） 例2　3つの直線の中で，x座標が 35 のときの点が最も下にある直線で表された店を選ぶ。（解答類型1）		
		1	(a)，(b) または (a)，(c)について記述しているもの	15.5	◎
		2	(a)について，xを用いた記述がなく，(b) または (c)について記述しているもの 例　Tシャツが 35 枚のときのyの値が小さいグラフを選ぶ。	8.9	○
		3	(a)について記述し，(b)の記述が次のようなもの ・(b)について，yの値に関する記述が十分でないもの ・(b)について，比較に関する記述が十分でないもの 例　xの値が 35 のとき，料金が最も小さいグラフを選ぶ。	6.0	○
		4	(a)について記述し，(c)の記述が次のようなもの ・(c)について，点の位置関係（上下）に関する記述が十分でないもの ・(c)について，比較に関する記述が十分でないもの 例　3つの直線で，xの値が 35 のときの点を比べる。	0.9	○
		5	上記1～4以外で，(a)，(b) または (a)，(c)について，記述が十分でないもの	22.2	
		6	(a)のみを記述しているもの	0.1	
		7	(b)のみ，または(c)のみを記述しているもの	6.6	
		8	(a)，(b)，(c)についての記述はないが，グラフに着目しているもの	8.3	
		9	上記以外の解答	4.3	
		0	無解答	27.2	
			正答率	31.3	

「交わる」ことを「代金が等しくなる」と解釈したりすることができるように促しました。具体的な，授業場面の様子は次の通りです。

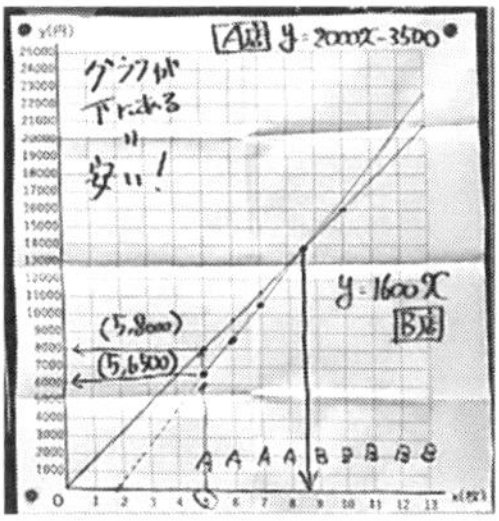

T　グラフ見てどうですか？　A店がずっと安いって言えそうですか？

S　いいえ。

T　じゃあ，どんな判断がこのグラフからできるか，プリントに書いてアプリに送ってください。

（個人思考）

T　困っている人にヒントをくれる？

S　交わるところを見ればいい。

T　アプリの画面を配信しますね，読んでみてください。同じこと書いてる？

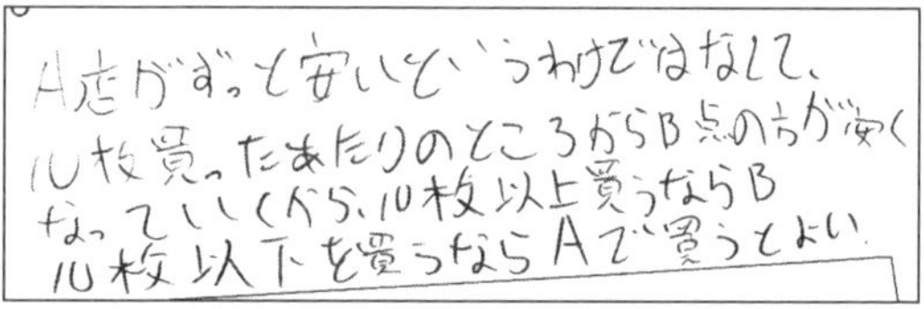

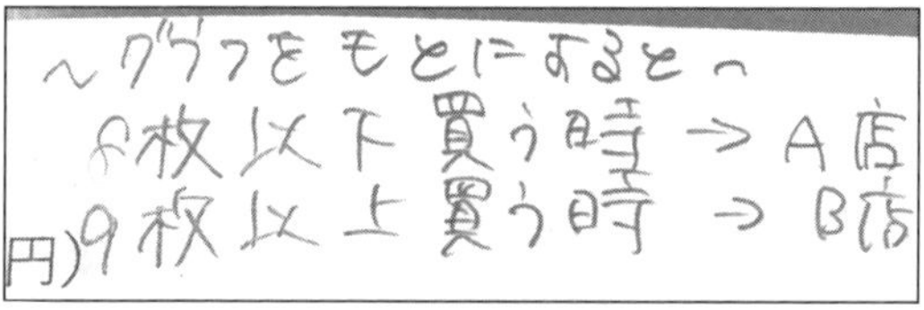

S　違います。

T　上と下，どっちが合ってるっぽい？　まわりの人に言ってみて。

（ペア活動）

S　グラフを見ると，交わるところ，交点はこのへんにあって，８枚から９枚の間なんですけど，この交点は，xとyは値段が同じところなんですよ。

T　結論を先に言える？

S　８枚まではA店，９枚からはB店。

S　５枚目からって一応入れた方がいい。

S　５枚目から９枚目まではA。

S　違う，５枚目から８枚目まではＡ，９枚からはＢ。

Ｔ　…って言ってるけど，納得できるって人は？　なぜそう言えるのか，「グラフから，こうこうこうだから，５枚目から８枚目まではＡ店，９枚からはＢ店が安いと言える」といった形で言えそうかな？　隣の人に話してみて。

（ペア活動）

S　５枚から８枚のとき，Ａの方が安いんですよ。

Ｔ　なんで？

S　Ｂの線がＡの線より上にあるから。

S　あの，Ａが５のときＢが上にあるってことは，x が５のときＡは6500，Ｂは…

S　９枚のとき値段が一緒ってこと？

S　９枚のときは好きな方を選べばいい。

Ｔ　えっ，９枚のとき一緒なんですか？　枚数ごとにどちらのお店の方が安いのか示してみて。

S　（５枚のとき）Ａ，（６枚のとき）Ａ，（７枚のとき）Ａ，（８枚のとき）Ａ，（９枚のとき）Ｂ，（10枚のとき）Ｂ，（11枚のとき）Ｂ，（12枚のとき）Ｂ，（13枚のとき）Ｂ，（14枚のとき）Ｂ。

T　この先は，ずっとＢでいいの？

S　グラフがどんどん離れていっているからずっとＢ。

T　困った表情をしているけど，どのあたりに困っているの？

S　グラフがどんどん離れていっているからＢの方が安いっていうことなの？

T　グラフの位置の話してたよね？　どうだったら安いってこと？

S　上にいくほど値段が上がるので，グラフの点が下にある方が安い。どんどん離れていっているからずっとＢの方が安いっていうのは，Ｂの方がグラフがずっと下にあるから安くなるってことだよ。

T　下にある方が安くなるというのがピンときた人？

（全員挙手）

T　黒板にちょっと書いておくよ。（板書）

T　ここまでＯＫ？　○○さん続きを話してみて。９枚目からはどうなる？

S　９枚目からはＢ店の方がＡ店よりも下になっているから，Ｂ店の方が９枚目からはＡ店より安くなります。

T　ピンときた人？

（全員挙手）

T　グラフが下にあるってことはどういうことだった？
S　下にあるってことは安いってことだった。

プリントに書いたことをヒントとしてアプリで全体に共有する，ペア活動で説明し合う，といった方法で生徒の個別の「わからなさ」に寄り添い，指導の個別化を図りました。

また，特に２つのグラフについて，「下になる」ことを「代金が安くなる」と解釈することについてわからない生徒を把握し，わからない生徒に寄り添って，授業を進めるようにしました。もしも教師が生徒の浮かない表情を無視してしまったら，支援が必要な生徒を見逃すことになります。指導の個別化を実現するには，教師が生徒をよく観ることも重要です。

生徒をよく観ることについて，具体的には，生徒の表情やしぐさを観ることが大切です。表情やしぐさは，雄弁に心の中を語るものですが，それらは刻々と変わっていきます。だから，教師はいつも生徒をよく観て，声をかけるタイミングを逃さないようにしたいものです。そして，わからなそうな表情やしぐさをしている生徒がいたら，「どのあたりに悩んでいるの？」「どこに困っているの？」などと迷わず声をかけていきます。

なお，本時では次ページのような問題を宿題としました。

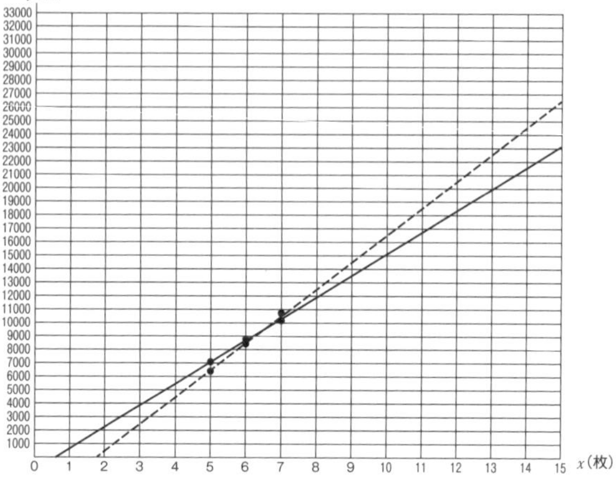

ユウリさんはA店でTシャツを8枚購入することにしました。ところが，「20%割引のB店はタイムセールで合計金額からさらに1000円安い」という情報が入ってきました。

この場合，A店とB店では購入するTシャツの枚数によって，どちらの方が安く買えますか。また，その理由をグラフを使って説明しましょう。そして，わかったことを基に，ユウリさんにアドバイスしましょう。

次時にこの問題の解答について話し合った際，多くの生徒が，本時で考えたことを基に判断できたことがわかりました。

3 指導の個別化や学習の個性化を位置づけた授業づくり❶（数と式）

①単元の指導計画例

１年「正負の数」で，次のような単元の指導計画を立てた場合について考えていきます。

節	時	学習内容
正の数、負の数	1	身の回りにある数を仲間分けしよう。③A
	2	基準を決めたときの量を表そう。③C
	3	数の大小を考えよう。③C
	4	
加法と減法	5	加法の意味について考えよう。③B
	6	加法の計算のきまりを考えよう。③C
	7	３数以上の加法の計算をしよう。③C
	8	減法の意味について考えよう。③B
	9	減法の計算のきまりを考えよう。③C
	10	式を項の和とみよう。③C
	11	項を並べた式に表して計算しよう。③C
乗法と除法	12	乗法の意味や計算のきまりについて考えよう。③B
	13	乗法の計算をしよう。③C
	14	３数以上の乗法の計算をしよう。③C
	15	除法の計算のきまりについて考えよう。③C
	16	除法の計算をしよう。③C
	17	四則の混じった計算をしよう。③D

	18	分配法則を使って四則の混じった計算をしよう。③C
	19	数の範囲のひろがりについて考えよう。③A
	20	これまでの四則計算を振り返ろう。④
正の数、負の数の活用	21	平均を工夫して求めよう。③B
単元のまとめ	22	単元全体の学習内容についてのテストに取り組み，単元で学習したことがどの程度身についているかを自己評価しよう。④

この単元では，すでに学習した計算の方法を基にして，数の範囲を負の数にまで拡張しても原理・法則が維持されることに気づけるようにして，正の数と負の数を具体的な事象の問題解決に活用できるようにすることを目標としました。

第１～４時では，負の数を導入し，数の大小を比較することを学習しました。負の数の導入に際しては，まず，生徒の日常生活の場面で使われていることを確認することから始めました。ここでは，身近な場面を手がかりにして，「基準より少ない量や状態を表す数」や「反対の方向・性質をもつ数」として，負の数が必要であることの理解が大切です。小学校の数直線は，原点から一方向だけにのびる半直線でしたが，中学校では，そこに原点から反対方向にのびる半直線が加えられます。負の数は，このように原点から両方向にのびる数直線上で，身近な場面にある数量から離れたところでも，０より小さい数として捉えるという考え方が重要です。

第５～18時では，第１～４時の学習を踏まえて，数直線を使って，四則計算についての意味理解を促していきました。計算の基礎となる考え方は，小学校で学習してきた計算法則です。数の範囲を負の数にまで拡張しても，これまで使ってきた計算法則がそのまま使えるという考え方が重要です。

さらに，第19時では，正の数の範囲ではいつでも計算できるとは限らなかった減法の計算が，いつでもできるようになることなど，数の範囲の拡張に伴い，何が変わり，何が変わらないのかを理解できるようにしました。

②授業例１

指導の個別化の場面

第７時

目標を「正の数と負の数が３数以上の加法でも，交換法則や結合法則が成り立つことに気づき，それを利用して３数以上の加法の和を求めることができる」として，次の問題を扱いました。

> （＋３）＋（－９）＋（＋７）を計算しましょう。

この問題は，示した式を計算するとどうなるのかという

「What」で問うタイプの問題です。そして，生徒が気づいた既習事項との違いを踏まえて，「どのように式を計算すればよいのかな？」と「How」で問い，計算の方法を考える必要感を生み出しました。

問題解決後，次のような練習問題に取り組む場面を設定しました。

> 次の計算をしなさい。
> ① (＋3)＋(－8)＋(＋7)＋(－5)
> ② (＋6)＋(－18)＋(－6)

練習問題で計算過程を共有した後，次のようなやりとりをしました。

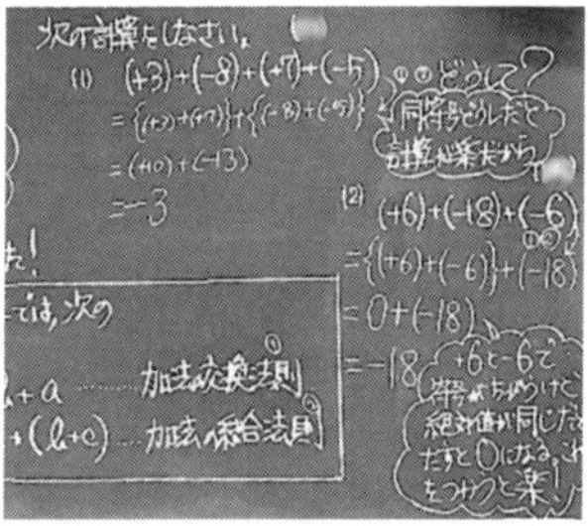

T　①，②をはじめの問題と比べると，どこが変わったのかな？

S　①は，３数が４数になっているところ。

S　②は，２数の和が０になるところがあるところ。

T　このように，「はじめの問題の…を変えたらどうなるか」と考えることが大切です。

このように，練習問題に取り組んだ後，「問題ごとにどの部分が変わったのか」「問題はなぜその順に並んでいるのか」といったことに気づけるようにする教師の働きかけが大切です。こうした工夫が生徒の発展の目を育てることにつながります。

さらに，共通の練習問題に取り組んだ後は，類題（教科書巻末の練習問題）に取り組むことを通して定着させていくか，どんどん発展させた問題（下記の練習問題）に取り組むことを通して定着・充実させていくかを生徒自身に選ばせ，それぞれで取り組ませました。

次の計算をしなさい。

① $(+0.8)+(-0.4)+(-0.9)$

② $\left(-\frac{3}{7}\right)+\left(+\frac{2}{7}\right)+\left(-\frac{5}{7}\right)$

③ $(-0.6)+(-2.3)+(+0.6)+(+0.3)$

④ $\left(-\frac{2}{3}\right)+\left(+\frac{3}{4}\right)+\left(-\frac{5}{6}\right)+\left(+\frac{3}{2}\right)$

③授業例２

学習の個性化の場面

第21時

教師が生徒一人ひとりに応じた学習活動や学習課題に取り組む機会を設定したときに，生徒自身が学習が最適となるよう調整することができるように指導する必要があります。

この単元では，正の数と負の数を具体的な事象の問題解決に活用できるようにすることが大切です。そこで，単元末（第22時）では，生徒が単元で学んだことを基にして，自分自身でどのように正の数と負の数を活用するのか選択できるようにしました。

具体的には，次のような問題を提示します。

2010年から2019年までのひろしまフラワーフェスティバルの各年の観覧者数は，次のとおりです。

ひろしまフラワーフェスティバルの各年の観覧者数

年	2010	2011	2012	2013	2014	2015	2016	2017	2018	2019
観覧者数（万人）	168	169	169	180	172	160	141	154	158	170

あなたなりに基準を決めて，基準との差の部分に着目して，正の数と負の数を活用して各年の観覧者数の平均を求めなさい。また，基準をあなたが決めた数値にした理由を書きなさい。

気をつけなければならないことは，この問題の前にどのような指導が行われたのかということです。具体的には，第21時で，１つの問題に対するいくつかの解き方を比較し，自分なりの考察を加えるような機会があったのかどうかということです。そういった指導場面がないのに，突然こういった問題に取り組ませても，なかなか学習の個性化は実現しません。

そこで，第21時では，目標を「平均を能率的に求めるために基準との差が正の数と負の数になるように設定した数値を基準とした場合の平均の求め方を，言葉や式を用いて説明することができる」として次の問題を扱いました。

東中学校バレーボール部員６人の身長は以下の通りです。

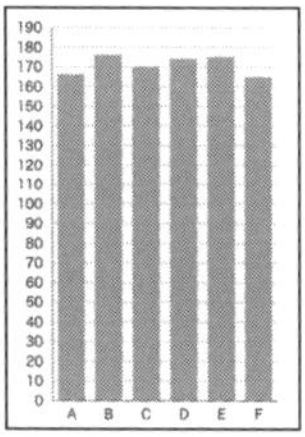

左から	Aさん	Bさん	Cさん	Dさん	Eさん	Fさん
	166cm	176cm	170cm	174cm	175cm	165cm

バレーボール部員６人の身長の平均を求めよう。

この問題は，６人の身長の平均はどのくらいなのかと「What」で問うタイプの問題です。そして，「これまで通りの求め方で平均は求められるけど，うまく工夫すれば簡単に平均が求められそうだ」という生徒の声を踏まえて，「どうすれば平均を工夫して求められそうかな？」と「How」で問い，平均を工夫して求める方法を考える必要感を生み出しました。

平均を求める際は，平均がおよそどのくらいになるのかを見積もったり，能率的に処理するために工夫して計算したりすることが大切です。そこで，次のような確認問題に取り組ませました。この確認問題の趣旨は，「平均を能率的に求めるために，自分なりに仮平均を定め，その値との差の平均を求める場面をつくることで，仮平均を設定した理由を引き出すこと」です。

> 次の値は，桜中学校バレーボール部員６人の身長です。
>
> 158㎝　176㎝　153㎝　163㎝　157㎝　147㎝
>
> 基準を決めて，基準との差の部分に着目して平均を求めなさい。

すると，生徒から次のような考えが引き出されました。

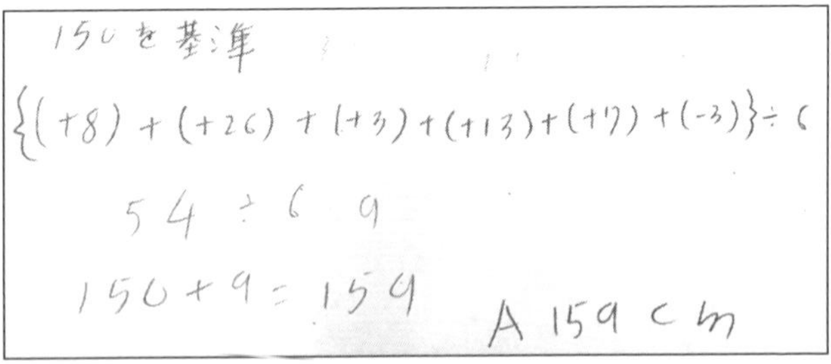

そこで，それぞれの生徒に「なぜ基準をその値に設定しようと思ったのか」を問いました。すると，160㎝を基準とした生徒は「だいたい６つの数値の真ん中あたりだから，そこを基準にしたら，正の数と負の数で打ち消し合って計

算が楽になると思ったから」と答えました。また，150cmを基準とした生徒は，「150cm台の身長が多かったから，そこを基準にすれば差が求めやすいと思ったから」と答えました。

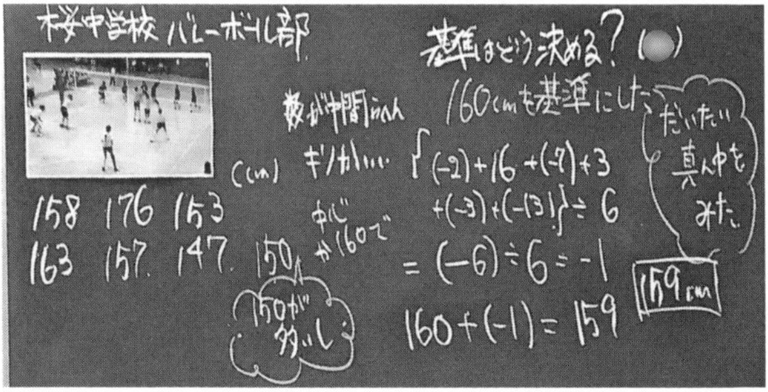

このプロセスを踏まえて，自分が考えたことだけでなく他の人が考えたことをノートに記録し，自分の考えとの共通点や相違点だけでなく，「次に同じ問題が出た場合，どの方法で解くか」についてノートにメモを残すように働きかけました。

授業後のノートには，次のように記述したうえで，「基準をうまく設定して，差で打ち消し合うようにして解くようにしたい」と，その後の解決場面で工夫して求めてみようという意思が読み取れる記述が見られました。

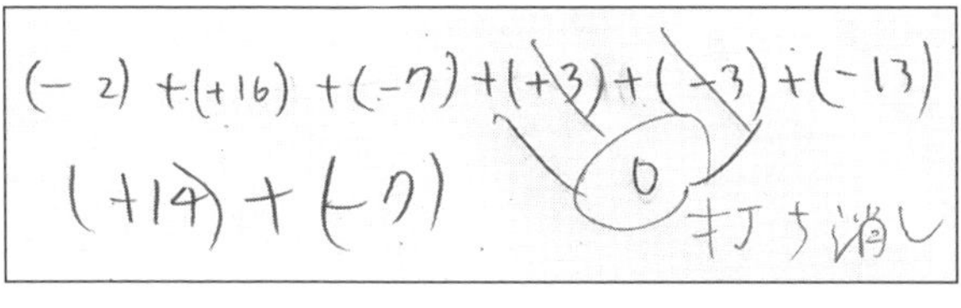

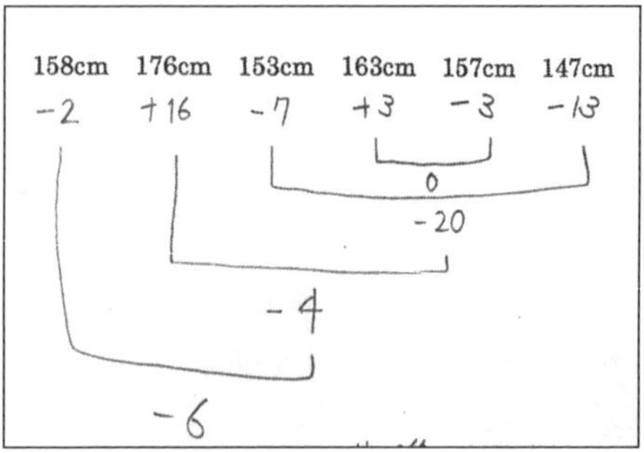

この指導を踏まえて，単元末で前掲の問題に取り組む機会をつくりました。すると，「基準をあなたが決めた数値にした理由」について，例えば160万人を基準にした生徒に，下線部のような記述が見られました。

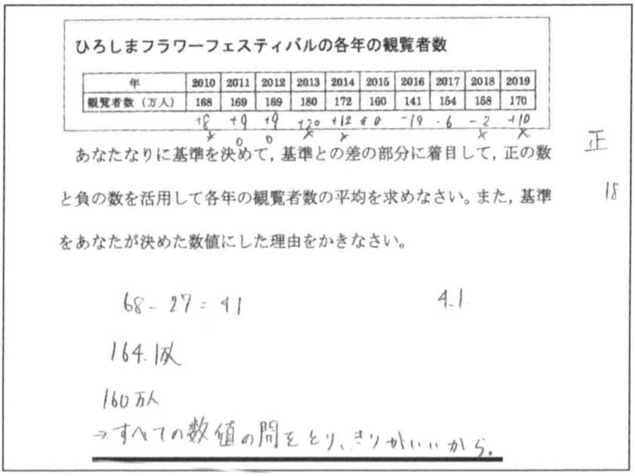

ひろしまフラワーフェスティバルの各年の観覧者数

年	2010	2011	2012	2013	2014	2015	2016	2017	2018	2019
観覧者数（万人）	168	169	169	180	172	160	141	154	158	170

あなたなりに基準を決めて，基準との差の部分に着目して，正の数と負の数を活用して各年の観覧者数の平均を求めなさい。また，基準をあなたが決めた数値にした理由をかきなさい。

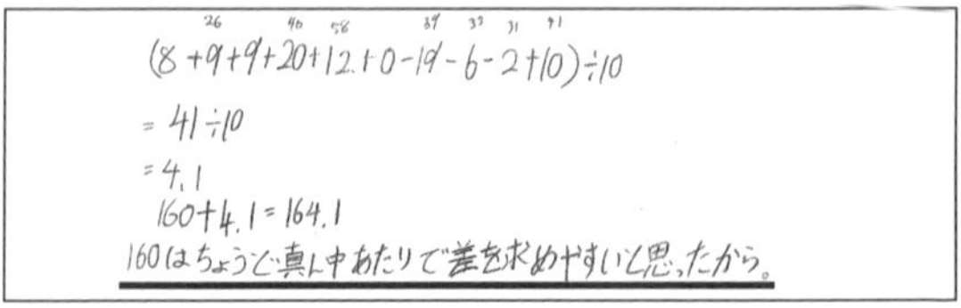

他にも，次のような理由の記述が見られました。

・160万人台が一番多かったから。
・全体の数値の真ん中あたりだから，そこを基準にしたら，正の数と負の数で打ち消し合って計算が楽になると思ったから。

このように，学習の個性化の場面は，生徒の学びの経験を生かす視点で考え，位置づけると，「無理なく進める」ことにつながると考えます。

4 指導の個別化や学習の個性化を位置づけた授業づくり❷（図形）

①単元の指導計画例

２年「三角形と四角形」で，次のような単元の指導計画を立てた場合について考えていきます。

節	時	学習内容
三角形	1	二等辺三角形の定義を基に，二等辺三角形の底角は等しいことを証明しよう。③B
	2	「△ＡＢＣで，ＡＢ＝ＡＣならば，∠Ｂ＝∠Ｃである」の証明で示した「△ＡＢＤ≡△ＡＣＤ」を使って，二等辺三角形の頂角の二等分線は，底辺を垂直に二等分することを証明しよう。③C
	3	三角形の２つの角が等しいとき，２つの辺は等しいことを証明しよう。③B
	4	△ＡＢＣの∠Ａの二等分線が辺ＢＣと交わる点をＤとし，点Ｄを通り，ＡＣに平行な直線をひき，辺ＡＢとの交点をＥとするとき，△ＡＥＤは二等辺三角形になることを証明しよう。 事柄の逆をいい，それは正しいか判断しよう。③D
	5	正三角形の定義を基に，正三角形の３つの角は等しいことを証明しよう。③B
	6	２つの直角三角形は，斜辺と他の１辺がそれぞれ等しいとき，合同であることを証明しよう。③B

	7	２つの直角三角形は，斜辺と１つの鋭角がそれぞれ等しいとき，合同であることを証明しよう。③B
	8	∠ＸＯＹの二等分線上の点Ｐから，ＯＸ，ＯＹに垂線を引き，交点をそれぞれＡ，Ｂとするとき，ＰＡ＝ＰＢになることを証明しよう。③C
	9	点Ｃを共有する正三角形ＡＢＣと正三角形ＣＤＥを，点Ｂ，Ｃ，Ｄがこの順に一直線上にあるようにし，線分ＢＤについて同じ側にかき，点ＢとＥ，点ＡとＤを結ぶとき，ＢＥ＝ＡＤになることを証明しよう。③B
	10	前の時間の問題の条件である「点Ｂ，Ｃ，Ｄが一直線上にある」を外した場合にも，ＢＥ＝ＡＤになることを証明しよう。③B
	11	小単元で学習したことがどの程度身についているかを自己評価しよう。④
四角形	12	平行四辺形の定義を基に，平行四辺形の対辺は，それぞれ等しいことを証明しよう。③B
	13	平行四辺形の２組の対角は，それぞれ等しいことや，平行四辺形の対角線は，それぞれの中点で交わることを証明しよう。③D
	14	平行四辺形ＡＢＣＤの対角線の交点をＯとし，線分ＯＢ，ＯＤ上に，ＢＰ＝ＤＱとなる点Ｐ，Ｑをそれぞれ取るとき，ＡＰ＝ＣＱになることを証明しよう。③C
	15	２組の対辺がそれぞれ平行な四角形は平行四辺形になることや，２組の対角がそれぞれ平行な四角形は平行四辺形になることを証明しよう。③D

	16	対角線がそれぞれの中点で交わる四角形は平行四辺形になることや，１組の対辺が平行で長さが等しい四角形は平行四辺形になることを証明しよう。③D
	17	平行四辺形ＡＢＣＤの対角線の交点をＯとし，線分ＯＡ，ＯＣ上に，ＡＥ＝ＣＦとなる点Ｅ，Ｆをそれぞれ取るとき，四角形ＥＢＦＤは平行四辺形になることを証明しよう。③B
	18	２本の紙テープを重ねるとき，重なる部分が長方形やひし形，正方形になるのはどんなときなのかな？　③A
	19	ひし形の対角線は垂直に交わることや，長方形の対角線の長さは等しいことを証明しよう。③C
	20	合同ではないのに面積が等しいと言えるのはなぜなのかな？　③B
	21	面積を変えずに図形を変形するには，どうすればよいのかな？　③C
	22	「タレスの方法」で，陸上の点Ａから沖に停泊している船Ｂまでの距離を求めることができるのはなぜなのかな？　③B
単元のまとめ	23	単元全体の学習内容についてのテストに取り組み，単元で学習したことがどの程度身についているかを自己評価しよう。④

前の単元では，平行線と角の関係，三角形の内角と外角，多角形の内角と外角，三角形の合同条件について指導し，それらを根拠としながら，「仮定」から「結論」を導く演

繹的な推論の進め方について指導しました。

この単元では，三角形と四角形の性質について，三角形の合同条件などを基にして，論理的に確かめたり，証明した事柄から新たな性質を見いだしたりすることができるようにすること，三角形と四角形の性質を具体的な事象の問題解決に活用できるようにすることを目標としました。第１～11時の三角形については，小学３年で学習した二等辺三角形の性質を，第12～22時の四角形については，小学４年で学習した平行四辺形の性質や，小学５年で学習した等積変形を踏まえて指導していきます。

②授業例１

学習の個性化の場面

学習の個性化の場面では，探究する「きっかけ」となる視点を全体で共有したうえで，その中から生徒一人ひとりに選択させて探究へ誘うことが大切です。しかし，そのタイミングが適切に設定されていなければ，生徒を自分自身で探究を進める方向に誘うことはできません。

そこで，大切にしなければならないことは，次の２点と考えます。

・どんな探究に誘うことができる教材なのか，教師自身が探究する。
・教材の本質から，探究する「きっかけ」となる視点を全体で共有するタイミングを決める。

具体的には，第９，10，23時の授業を例にして説明します。第９，10時では，第23時で生徒が探究を進めることができるようにするための足がかりをつくりました。

第９時

第９時では，目標を「点Ｃを共有する正三角形ＡＢＣと正三角形ＣＤＥを，点Ｂ，Ｃ，Ｄがこの順に一直線上にあるように，線分ＢＤについて同じ側にかき，点ＢとＥ，点ＡとＤを結んだとき，ＢＥ＝ＡＤになることの証明の方針を立てることができるとともに，その証明からＢＥ＝ＡＤが成り立つ構造を捉えることができる」とし，次の問題を扱いました。

点Ｃを共有する正三角形ＡＢＣと正三角形ＣＤＥを，点Ｂ，Ｃ，Ｄがこの順に一直線上にあるようにし，線分ＢＤについて同じ側にかきます。

点ＢとＥ，点ＡとＤを結ぶとき，線分ＢＥとＡＤにはどんな関係がありそうでしょうか。

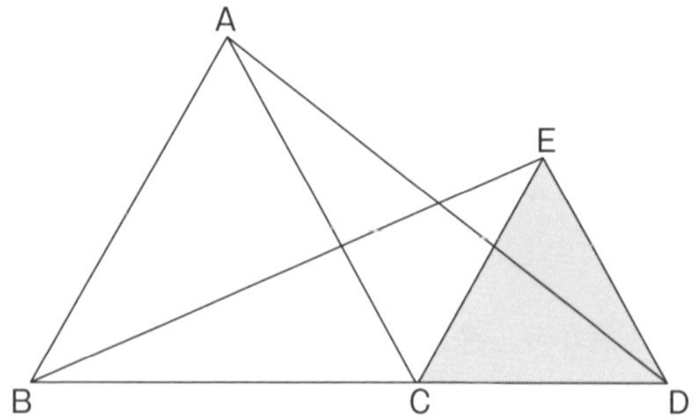

この問題は，２つの線分にはどんな関係がありそうかと「What」で問うタイプの問題です。そして，生徒が気づいた事柄を踏まえて，「いつでも成り立つと言えそうかな？」と「Why」で問い，証明を考える必要感を生み出しました。

教材とした原命題「点Ｃを共有する正三角形ＡＢＣと正三角形ＣＤＥを，点Ｂ，Ｃ，Ｄが一直線上にあるようにし，線分ＢＤについて同じ側にかき，点ＢとＥ，点ＡとＤを結ぶとき，ＢＥ＝ＡＤである」は，拡張できる条件が「正三角形」「点Ｂ，Ｃ，Ｄが一直線上」「２つの三角形は線分ＢＤについて同じ側にある」といったように複数含まれており，豊かな発展性がある教材です。そして，教材の本質は，「頂角の頂点を共有する相似な二等辺三角形が含まれる図形で同じ結論が成り立つこと」と考えます。したがって，授業の目標達成を目指し，原命題についての証明を終えた後に，条件をどのように変えられそうか考えて，見いだした視点を全体で共有するようにしました。そして，原命題の証明を参考にして，発展的に考えた命題を証明するように促しました。

本時では，原命題が成り立つことを証明した後，「次に何を考えますか？」と問いかけ，生徒が発展的に考えるための着想を得る機会を位置づけました。授業の導入で，命題理解を進めるために，具体物を操作した後に，条件に合った図を自分な

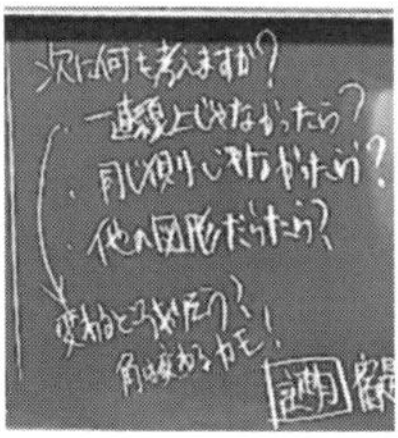

りにかく活動を取り入れていたため，「統合・発展の種」となっていた条件に着目した表現が引き出されました。ここを，探究する「きっかけ」となる視点を全体で共有する場面としました。そして，「点Ｂ，Ｃ，Ｄが一直線上にあるという条件を外してもＢＥ＝ＡＤになるかどうかの証明で変わるところはあるのかな？」と問いかけました。

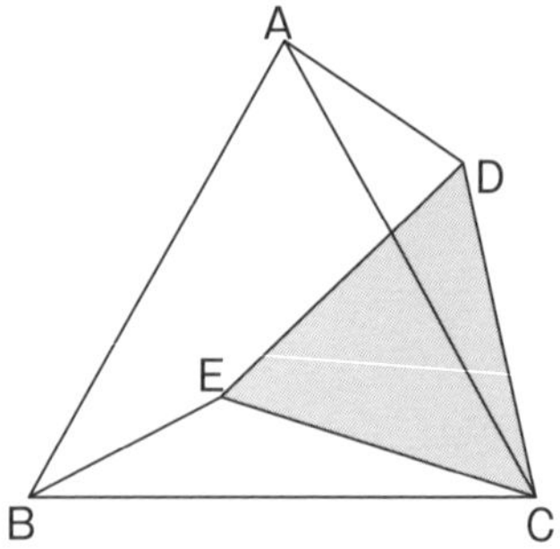

第10時

第10時では，目標を「点Ｃを共有する正三角形ＡＢＣと正三角形ＣＤＥを，点Ｂ，Ｃ，Ｄがこの順に一直線上にあるように，線分ＢＤについて同じ側にかき，点ＢとＥ，点ＡとＤを結んだとき，ＢＥ＝ＡＤであることの証明を振り返り，その証明に基づいて，問題の条件である『点Ｂ，Ｃ，Ｄが一直線上にある』を外した場合にも，ＢＥ＝ＡＤが成り立つ構造を捉えることができる」とし，次の問題を扱いました。

点Ｃを共有する正三角形ＡＢＣと正三角形ＣＤＥをかき，点ＢとＥ，点ＡとＤを結ぶとき，ＢＥ＝ＡＤになることを証明しましょう。

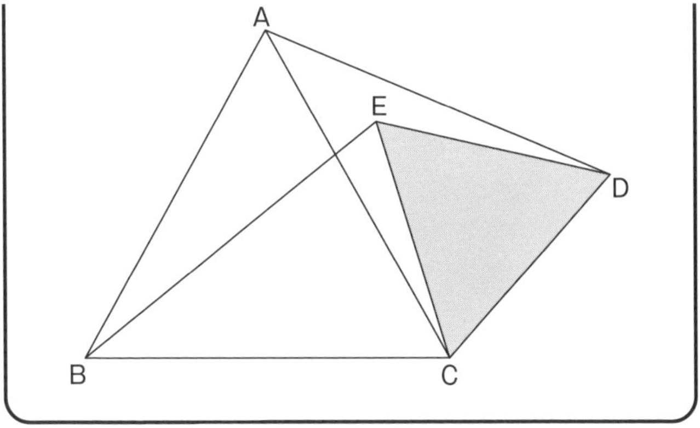

この問題は，前時とのつながりから，あえていきなり証明しようと投げかけました。こうして前時で扱った命題との違いに着目させることで，考える必要感を生み出しました。

本時では，発展的に考えて予想した命題を証明する際，もとの証明の何が変わり，何が変わらないかを見いださせるようにしました。この働きかけにより，証明の構造に目を向けられるようにして，ＢＥ＝ＡＤが成り立つ構造の本質である「視点（ＢＣ＝ＡＣ，ＥＣ＝ＤＣ，∠ＢＣＥ＝∠ＡＣＤ)」を捉えられるようにしたのです。具体的には，証明を見比べて「なぜ，いつでもＢＥ＝ＡＤになると言えるのか，証明を見比べてどんな仕組みになっているのか説明しよう」と投げかけました。すると次のように，この教材の本質である「ＢＣ＝ＡＣ，ＥＣ＝ＤＣ，∠ＢＣＥ＝∠ＡＣＤから，三角形の合同（△ＢＣＥ≡△ＡＣＤ）が成り立つこと」が引き出されました。

2つの三角形には必ず2つの正三角形の辺がそれぞれ含まれる、
つまり必ずいつでもCE＝CD、BC＝ACになる。
また、その2辺の間の角がそれぞれ必ず60°の角が
含まれている?触れているみたいな感じだから、
2辺の間の角が「60°＋**なにか**」というようになっている。
そのためいつでも2組の辺とその間の角がそれぞれ等しくなり、
△ACD≡△ BCEになり合同な図形の対応する辺は等しいから
AD＝BEになる。真実はいつも一つ！

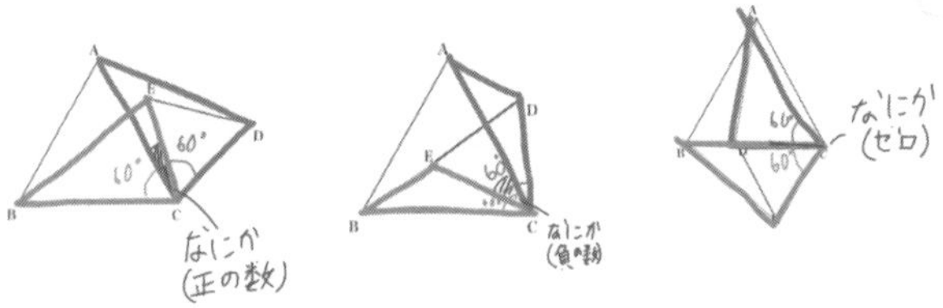

このように，証明を読み，その仕組みを捉えることができるようにするためには，原命題の証明をつくるときに，三角形の合同条件を成り立たせる３つの要素を，図に色や印をつけて対応させるなど，言葉や記号で表されたことを図と対応づけて的確に読み取れるようにしておくことも大切です。

第23時

ここまでの学びを通して，第23時で生徒が正三角形以外の図形を自分自身で選択できるようにするための足がかりをつくりました。

第23時の学習では，ＢＥ＝ＡＤになる他の図形はあるか考えていくレポートに取り組む時間を設定しました。このとき，第９時で捉えた「視点」を使って命題を拡張する活動となることをねらいました。このことにより，頂角の頂点を共有する相似な二等辺三角形が含まれる図形で同じ結論が成り立つことに気づけるようにしました。

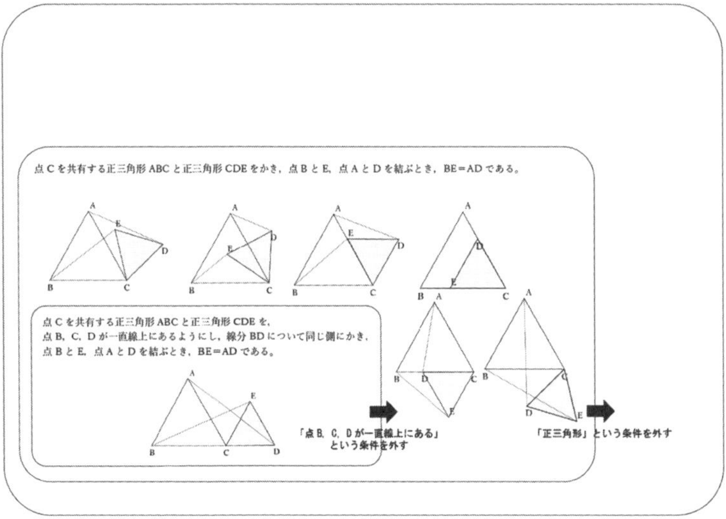

点Cを共有する正三角形ABCと正三角形CDEをかき，点BとE，点AとDを結ぶとき，BE=ADである。
点Cを共有する正三角形ABCと正三角形CDEを，
点B，C，Dが一直線上にあるようにし，線分BDについて同じ側にかき，
点BとE，点AとDを結ぶとき，BE=ADである。
「点B，C，Dが一直線上にある」
という条件を外す
「正三角形」という条件を外す

授業で学んだ上（前ページ）の事柄について，次の⑴，⑵の各問いに答えなさい。

⑴ 「点Cを共有する正方形ＡＢＣＤと正方形ＣＥＦＧをかき，点ＢとＧ，点ＤとＥを結ぶとき，ＢＧ＝ＤＥになる」を証明しなさい。ただし，条件に合う図もフリーハンドでかくこと。

⑵ どんな図形でも，２つの正三角形や正方形で等しいと証明した線分は，等しくなるのでしょうか。「正三角形」や「正方形」をほかの図形に変えて調べましょう。

このレポート課題に対する生徒の考えを，学級全体で共有しました。

次ページのレポートを書いた生徒は，負事例（ダメな例）を基にして，教材の本質である事柄「ＢＣとＣＤが等しくない，ＧＣとＣＥが等しくない，∠ＢＣＤと∠ＥＣＧが等しい」を見いだしていました。

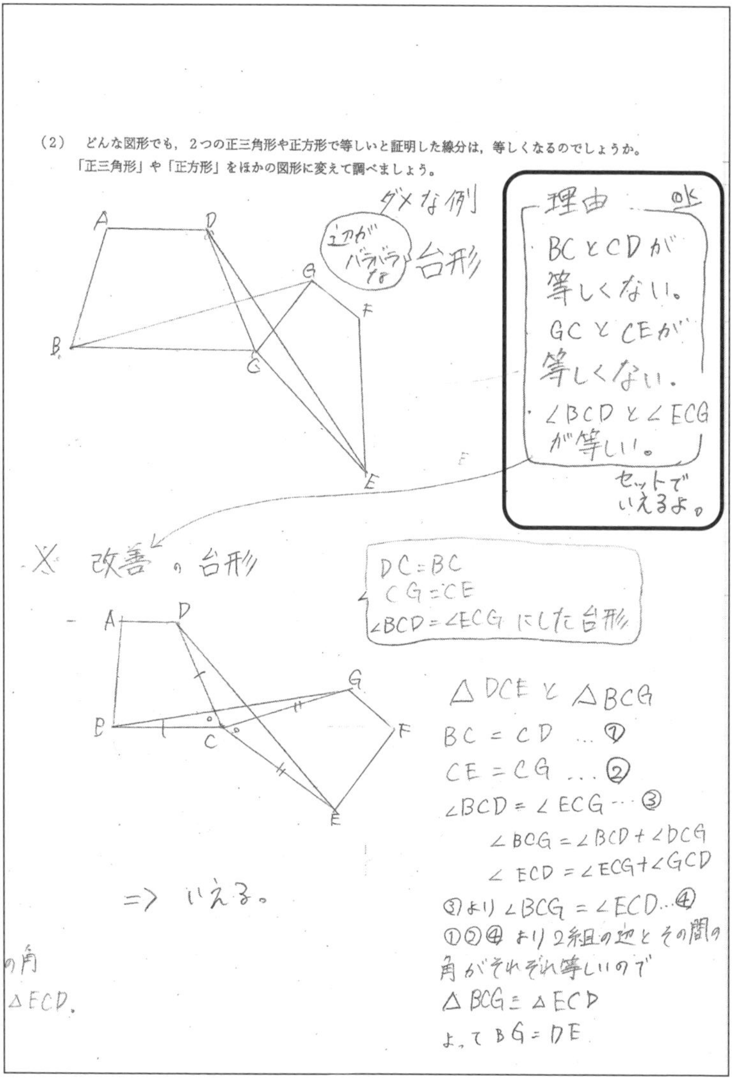
（2）　どんな図形でも，２つの正三角形や正方形で等しいと証明した線分は，等しくなるのでしょうか。
「正三角形」や「正方形」をほかの図形に変えて調べましょう。
ダメな例
エアがバラバラな
台形
理由
BCとCDが等しくない。
GCとCEが等しくない。
∠BCDと∠ECGが等しい。
セットでいえるよ。
※改善の台形
DC=BC
CG=CE
∠BCD=∠ECG にした台形
△DCEと△BCG
BC=CD …①
CE=CG …②
∠BCD=∠ECG …③
∠BCG=∠BCD+∠DCG
∠ECD=∠ECG+∠GCD
③より∠BCG=∠ECD…④
①②④より2組の辺とその間の角がそれぞれ等しいので
△BCG≡△ECD
よってBG=DE
=> いえる。
の角
△ECD.

この生徒は，負事例を基にして，「等しくなる線分を含む三角形が合同であればよいこと」に気づき，「２つの図形の点Cをつくる辺が等しい，三角形の対応する辺がそれぞれ等しい」という条件を見いだしていました。

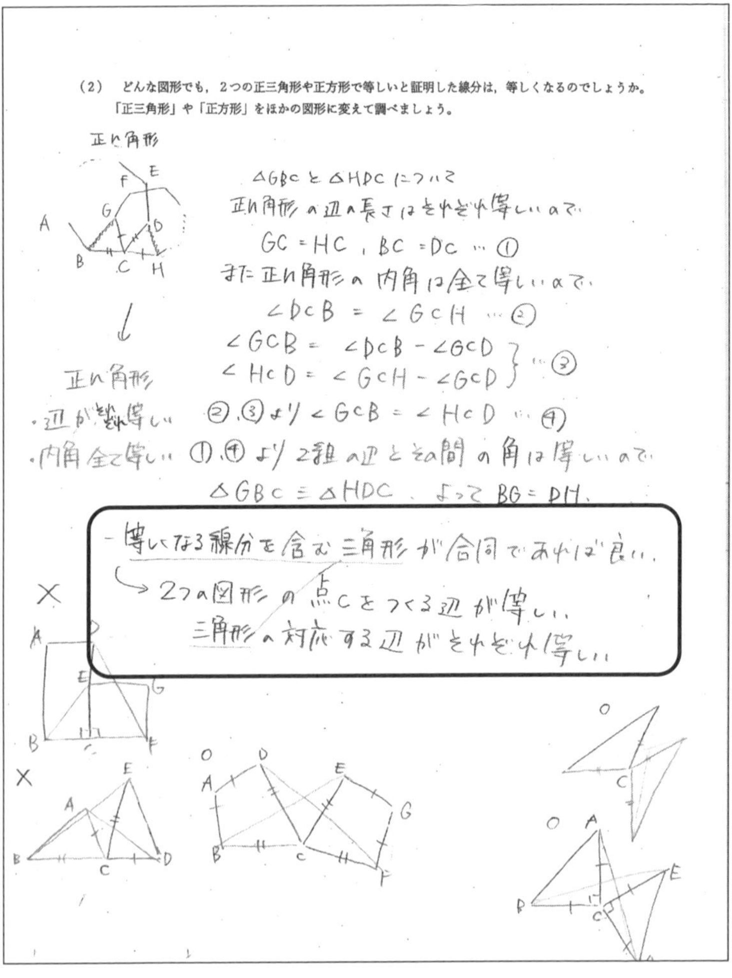

(2)　どんな図形でも，２つの正三角形や正方形で等しいと証明した線分は，等しくなるのでしょうか。
「正三角形」や「正方形」をほかの図形に変えて調べましょう。
正n角形
△GBCと△HDCについて
正n角形の辺の長さはそれぞれ等しいので
GC = HC，BC = DC …①
また正n角形の内角は全て等しいので
∠DCB = ∠GCH …②
∠GCB = ∠DCB − ∠GCD
∠HCD = ∠GCH − ∠GCD …③
②，③より∠GCB = ∠HCD …④
①，④より2組の辺とその間の角は等しいので
△GBC ≡ △HDC．よってBG = DH．
正n角形

・内角全て等しい
・等しくなる線分を含む三角形が合同であれば良い。

全生徒がこのような探究ができる状況を目指したいのですが，そうはいかないのが現実です。そこで，レポート作成後に，他の生徒のレポートをクラウド上で共有し，レポートを読み合う活動を取り入れました。

すると，レポート作成がうまく進められなかった生徒から「ここに気づければよかったのか！」と驚きの声が上がりました。その姿から，目標達成に向かう大切な活動になったと感じました。

第23時の生徒が探究する姿は，第９，10時の学びが足がかりとなりました。このように，学習の個性化では，生徒が自分自身で選択できるようにするための足がかりをつくることが「無理なく進める」ことにつながります。

第14時

学習の個性化では，探究する「きっかけ」となる視点を全体で共有したうえで，その中から生徒一人ひとりに選択させることが大切です。

証明指導では，多様な証明の方針を比較・検討したうえで，どの方針を基にして証明するのか選択する場面を設定することが考えられます。ここで大切なことは，どのような指導をしたうえで，生徒が選択する場面を設定するのかということです。

第14時では，目標を「平行四辺形ＡＢＣＤの対角線の交点をＯとし，線分ＯＢ，ＯＤ上に，ＢＰ＝ＤＱとなる点Ｐ，Ｑをそれぞれ取るとき，ＡＰ＝ＣＱになることの証明の方針を立てることができる」として，次の問題を扱いました。

平行四辺形ＡＢＣＤの対角線の交点をＯとし，線分ＯＢ，ＯＤ上に，ＢＰ＝ＤＱとなる点Ｐ，Ｑをそれぞれ取ります。

このとき，線分ＡＰとＣＱにはどんな関係がありそうでしょうか。

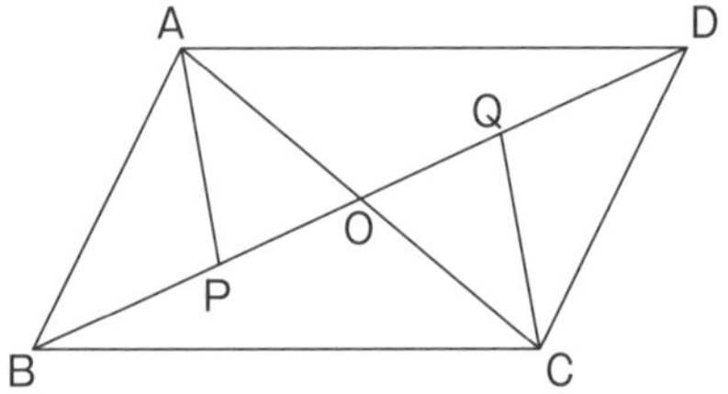

この問題は，２つの線分にはどんな関係がありそうかと「What」で問うタイプの問題です。そして，生徒が気づいた事柄を踏まえて，「いつでも成り立つと言えそうかな？」と「Why」で問い，証明を考える必要感を生み出しました。

この授業では，証明の方針を立てることができるようにするために，次の順に考えるように促しました。

Ⅰ　結論であるＡＰ＝ＣＱを示すためには，何がわかればよいか。

Ⅱ　着目した２つの三角形の辺や角について言えることは何か。

Ⅲ　ⅠとⅡを結びつけるには，あと何を言うことができればよいか。

この場面では，次のようなやりとりが生まれました。

T　辺が等しいことを言うためには，今まで何を示してきたかな？
S　結論を含む三角形が合同ってことを示してきた。
T　どの２つの三角形だったら，結論を含んでいて合同っぽいかな？

ここで，結論を含む「合同っぽい三角形」を見つけ出すための図をアプリで配信しました。すると，見通しをもちながら，証明の方針を立てる姿が生まれました。

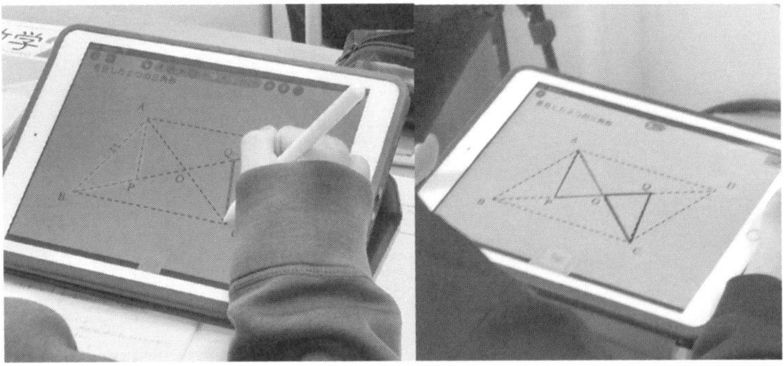

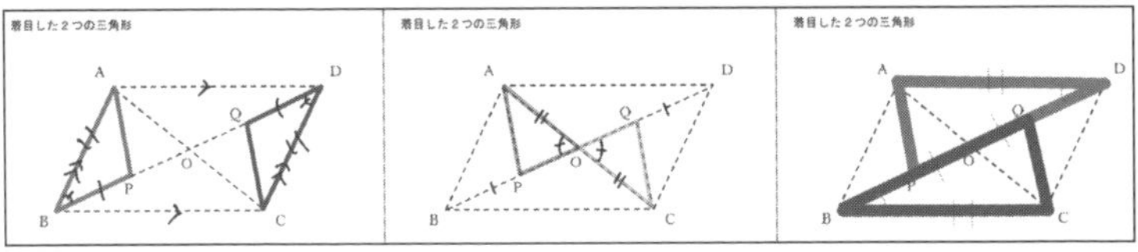

この授業では，目標達成に向けて，多様な証明の方針を共有することが大切であると考えます。そこで，ＡＰ，ＣＱが対応する辺となる，△ＡＢＰと△ＣＤＱの三角形に着目した証明の方針を学級全体で共有した後に，着目する三角形を△ＡＯＰと△ＣＯＱに変えて，新たな方針を立てる活動を取り入れました。△ＡＤＰと△ＣＢＱの三角形に着目した証明の方針については，自由に取り組んでもよいという扱いにしました。そして，着目する三角形を「△ＡＢＰと△ＣＤＱ」「△ＡＯＰと△ＣＯＱ」「△ＡＤＰと△ＣＢＱ」のいずれかを選択して，方針に基づいて証明することは宿題としました。

この授業で，探究する「きっかけ」となる視点を全体で共有したうえで，その中から生徒一人ひとりに選択させるタイミングについて考えます。２つの着目する三角形の多様な考えを共有した直後も考えられますが，私はそのタイミングで「自分でどの２つの三角形に着目するのか，自由に選んで証明しよう」などと選択させることはおすすめしません。なぜなら，目標達成に向かう協働的な学びの足場がつくり難くなり，わからずに証明が進められない生徒と，どんどん証明が進められる生徒の差が大きくなり過ぎるからです。もしもその状況で，それぞれの方針について証明できた生徒に全体に発表させた場合，１つずつの証明にまだ取り組んでいない生徒と，取り組んだ生徒が混在する状況となり，証明ができた生徒の発表会のような状況になると考えます。そのような指導では，全員の目標達成には至らないでしょう。

そこで，生徒に選択させるタイミングは，多様な考えを1つずつ全体で共有した後，証明を記述するところに設定しました。このタイミングだと，一度方針を全体で共有しているため，すべての生徒がそれぞれの考えを理解したうえで選択することができます。そして，選択して証明を記述した後に，「なぜその方針で記述することを選んだのかな？」と問うことで，「この証明が一番シンプルだと思ったから」「根拠がわかりやすくて，一番腑に落ちたから」などといった簡潔・明瞭・的確に表現することのよさを引き出すことができます。

このように，どのような指導をしたうえで，生徒が選択する場面を設定するのかに配慮することが，学習の個性化を「無理なく進める」ことにつながるのです。

③授業例２

指導の個別化の場面

指導の個別化では，授業中に生徒の個別の「わからなさ」を尋ねて把握することが大切です。

第９時

第９時の授業で扱う命題の証明は，生徒にとって容易ではありません。私の授業では，証明の方針を立てる場面で，次のようなやりとりが生まれ，生徒のつまずきが浮き彫りになりました。

点Ｃを共有する正三角形ＡＢＣと正三角形ＣＤＥを，点Ｂ，Ｃ，Ｄがこの順に一直線上にあるようにし，線分ＢＤについて同じ側にかき，点ＢとＥ，点ＡとＤを結ぶとき，ＢＥ＝ＡＤになることを証明しよう。

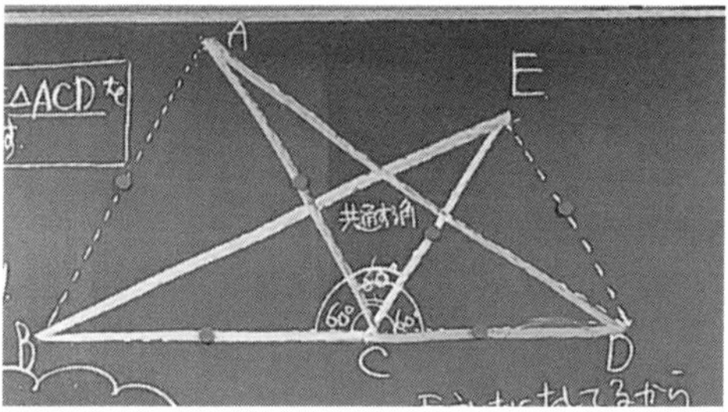

Ｓ１　ここ（∠ＢＣＥ）とここ（∠ＡＣＤ）が等しい。

Ｔ　本当？　角が等しい理由，はっきりしている人？
（10人の生徒が挙手）

Ｔ　よし，角が等しい理由について隣の人と相談してみよう。
（ペア対話）

Ｔ　隣の人と相談してたらはっきりした人？
（半数の生徒が挙手。挙手していない生徒Ｓ２を指名する）

Ｔ　まだはっきりしない？　どこに困っているの？

Ｓ２　正三角形だから60°ってとこまではわかるけど，なんで等しくなるのかよくわからない。

Ｔ　（黒板の前の生徒Ｓ３に）そこがわかるように説明

してみて。

S３　まず，正三角形の１つの内角は60°じゃないですか。そして，知りたい角は∠ＢＣＥと∠ＡＣＤじゃないですか。で，ここの∠ＡＣＥは共通しているんですよ。そうすると，共通している角＋60°に両方なっているから等しいんですよ。

S２　わかりました！

この命題の証明のポイントは，重なっている角が等しいことがわかるかどうかです。原命題の証明後，条件を変更して探究が進められるようにするためには，記号を用いた一般的な証明を理解させる必要があります。しかし，証明がわからない生徒は，いきなり記号で説明されると，抽象的過ぎてわからないものです。そこで，「60°と両方ともの角に共通している角をたす」といった，具体的な数値を用いた説明を引き出すことで，わからない生徒の理解を促していきました。このとき，教師が懇切丁寧に説明するのではなく，生徒が説明し合いやすくなるように図を大きくかき，着目した２つの三角形がひと目でわかるように示す工夫をしました。上の場面で取り上げた黒板前の生徒（Ｓ３）は，わからなかった生徒（Ｓ２）が「わかりました！」とうなずいたとき，ガッツポーズをしました。教師がわからない生徒は誰かを把握し，わからない生徒に寄り添って授業を進めるようにすることが，よりよい学級風土を醸成していくことにもつながるのです。

そして，授業の終末では，本時の授業の板書をアプリで全員に配信し，生徒が一人ひとりで１時間の授業の学習過程を振り返る活動を取り入れました。その際，大切だと思ったところを赤，よくわからないところを青で示し，ほんのひと言でもよいのでコメントを書き込むように伝えました。

すると，次ページの例のように，自身の１時間の学習過程を振り返り，よくわからないところを示したうえで，「(今はわかるけど) 時間がたったらやり方忘れそう」といった表現をする様子が見られました。そこですかさず，全体の場でこの生徒の学びの振り返りを共有し，次の学びに生かそうとしている姿の価値を伝えました。

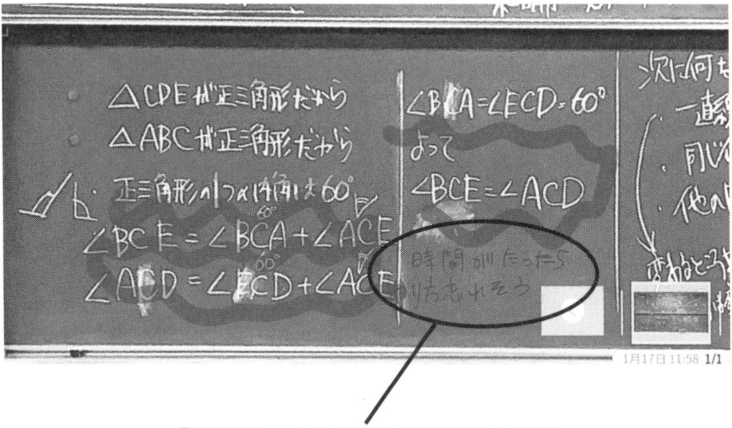

「時間がたったらやり方忘れそう」と記述

このように，指導の個別化では，生徒の個別の「わからなさ」に寄り添うなど，即時的に生徒の実態を把握する教師の働きかけが大切です。

第14時

宿題に対する指導を通して指導の個別化を目指すことも考えられます。第14時の授業を例にします。

宿題では，方針に示された事柄を数学の記号で表したり，これらが成り立つ根拠を明らかにしたりして，仮定から結論を導く推論の過程を的確に表現できているかどうかをみて，個別の証明を添削して返却しました。返却する際に，証明がうまく書けていない生徒には，方針を参照しながら証明として書く順序が妥当かどうかや，実際に書いた証明を方針と照らし合わせて示すべきことが示されているかを確認するように促しました。特に，「ＢＰ＝ＤＱ」「ＡＢ＝

ＣＤ」「∠ＡＢＰ＝∠ＣＤＱ」の根拠として「仮定」,「平行四辺形の向かい合う辺は等しいこと」「平行線の錯角は等しいこと」を示すことや,「△ＡＢＰ≡△ＣＤＱ」の根拠として三角形の合同条件「２組の辺とその間の角がそれぞれ等しい」を示すことができているかどうかを見取りました。解答を確認しているときに,生徒から「はじめは近くにある三角形である△ＡＯＰと△ＣＯＱに着目した方が簡単に証明できると思ったけど,△ＡＢＰと△ＣＤＱに着目した考えを見て,こっちの方が簡単に証明できるということがわかった」といった声が上がりました。

さらに,第15時では,ＡＰ,ＣＱが向かい合う辺となる四角形ＡＰＣＱに着目して新たな証明の方針を立てる活動を取り入れました。

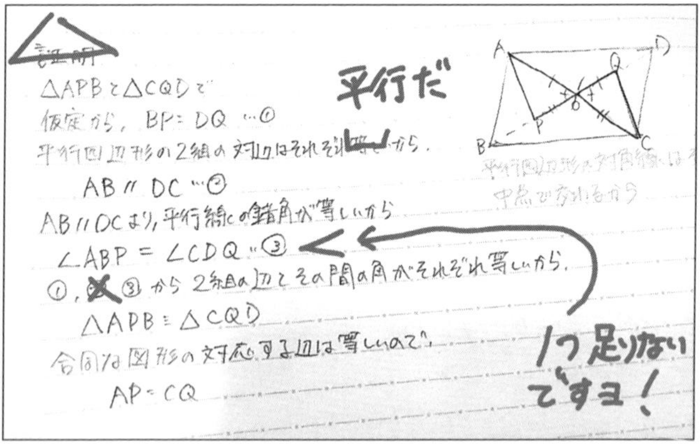

一人ひとりの証明を添削

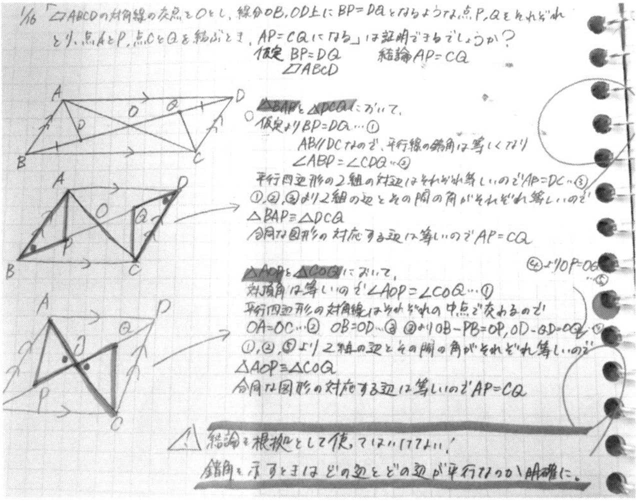

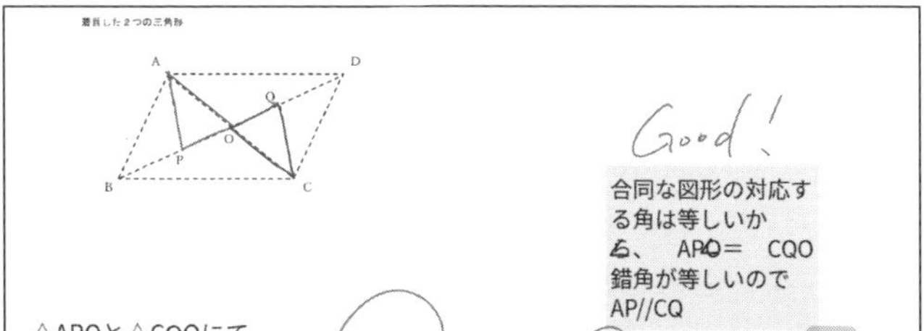
平行も2本できると思います

△APOと△CQOにて
仮定より、▱ABCD…①
BP＝DQ…②
対頂角は等しいので、∠AOP＝∠COQ…③
①より、平行四辺形の対角線はそれぞれの中点で交わるので、
AO＝CO…④DO＝BO…⑤
また、QO＝DO－DQ…⑥PO＝BO－BP…⑦
②、⑤、⑥、⑦より、PO＝QO…⑧
③、④、⑧より、2組の辺とその間の角がそれぞれ等しいので、△APO≡△CQO
合同な図形の対応する辺は等しいから、AP＝CQ

このように，証明を個別に添削し，それを基に，よりよい証明について考え合うことを促すことで，指導の個別化を行うことも考えられます。

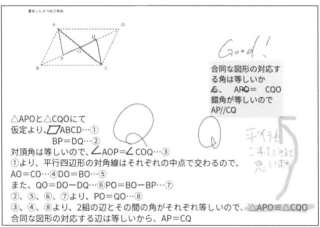

5 指導の個別化や学習の個性化を位置づけた授業づくり❸（関数）

①単元の指導計画例

1年「比例と反比例」で，次のような単元の指導計画を立てた場合について考えていきます。

節	時	学習内容
関数	1	水面の高さが40㎝になるのは，水を入れ始めてから何分後かは，どのように予想すればよいのかな？　③A
	2	2つの数量の間に関数の関係があるかどうかを判断しよう。③C
比例	3	yをxの式で表して，yはxに比例していると言えるかどうかを判断しよう。③C
	4	xの変域や比例定数を負の数に広げても，正の数のときに成り立った比例の性質は成り立つのかな？　③D
	5	1組のx，yの値から比例の式を求めるにはどうすればよいのかな？　③C
	6	比例$y=2x$について，変域を負の数に広げたときのグラフをかくには，どうすればよいのかな？　③B
	7	比例のグラフにはどんな特徴があるのかな？　③B
	8	比例の式からグラフをかいたり，グラフから式を求めるには，どうすればよいのかな？　③D

	9	小単元で学習したことがどの程度身についているかを自己評価しよう。④
反比例	10	y を x の式で表して，y は x に反比例していると言えるかどうかを判断しよう。③C
	11	x の変域や比例定数を負の数に広げても，正の数のときに成り立った反比例の性質は成り立つのかな？　③D
	12	１組の x，y の値から反比例の式を求めるにはどうすればよいのかな？　③C
	13	反比例のグラフにはどんな特徴があるのかな？　③B
	14	反比例の式からグラフをかいたり，グラフから式を求めたりするには，どうすればよいのかな？　③D
	15	小単元で学習したことがどの程度身についているかを自己評価しよう。④
比例，反比例の利用	16	全校生徒で伝言ゲームをするとき，伝言ゲームにかかる時間はおよそ何分くらいかは，どのように予想すればよいのかな？　③B
	17	車いすマラソンの応援で，スタートから６㎞の地点で応援するとき，先頭の選手が通過してから何分後に，最後の選手が通過するのかは，グラフからどのように求めればよいのかな？　③B
	18	電子レンジで食品が温まるまでの時間は，どのように予想すればよいのかな？　③B
単元のまとめ	19	単元全体の学習内容についてのテストに取り組み，単元で学習したことがどの程度身についているかを自己評価しよう。④

この単元では，関数関係に着目し，その特徴を比例や反比例の表，式，グラフを相互に関連づけて考察し，未知の値を予測することができることを目標としました。第１，２時で学習する関数について，小学校では，変化や対応の特徴を考察することについては学習していますが，関数関係については学習していません。第３～９時の比例については，小学５，６年で，比例関係を理解できるようにし，それを問題解決に利用することを学習しています。一方，第10～15時の反比例は，小学６年で比例関係の理解を促すために学習する程度にとどまっています。

このような既習事項を把握して指導を工夫することが重要です。

②授業例１

指導の個別化の場面

これまでにも述べてきた通り，指導の個別化を行うには，授業中に生徒の個別の「わからなさ」を尋ねて把握することが大切です。

第13時

目標を「反比例のグラフをかく活動を通して，反比例のグラフの特徴に気づく」とし，次の問題を扱いました。

> $y=\frac{6}{x}$のグラフをかきましょう。

この問題は，反比例 $y=\dfrac{6}{x}$ のグラフはどうなるのかと「What」で問うタイプの問題です。そして，生徒が表現したグラフについて，「なぜそのようなグラフになると言えるのかな？」と「Why」で問い，反比例のグラフの特徴について考える必要感を生み出しました。

この授業で取り扱う反比例のグラフが x 軸，y 軸に限りなく近づく２つのなめらかな曲線であることの理解は，生徒にとって容易ではありません。例えば，2015年の全国学力・学習状況調査の次の問題（数学A[10](1)）は，正答率が62.4%でした。

（1）下のアからエまでの中に，反比例 $y=\dfrac{6}{x}$ のグラフがあります。正しいものを１つ選びなさい。

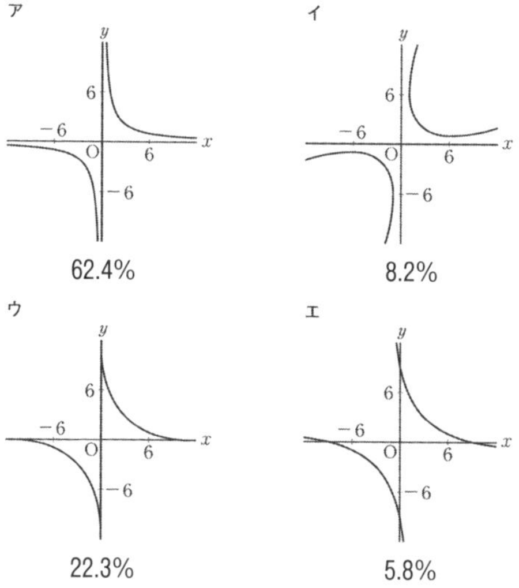

私の授業では，問題を把握した後に，次のようなやりとりが生まれ，生徒のつまずきが浮き彫りになりました。

T　反比例のグラフはどのようにかけばよいのかな？

S　表をかいて，xの値に対応するyの値を求める。

x	…	−6	−5	−4	−3	−2	−1	0	1	2	3	4	5	6	…
y	…	−1	−1.2	−1.5	−2	−3	−6		6	3	2	1.5	1.2	1	…

S　x，yの値の組を座標とする点を，座標平面にかき入れた。

T　（点を直線で結んだうえで）グラフはこのような形になるのかな？

S　おかしい，直線にはならないはず。

T　どうして直線にならないの？
どうやって確かめる？

S　比例のときと同じように，多くの点を取って確かめればいい。なめらかな曲線になる。

T　（第１象限のグラフについて）xの値を大きくしていくと，グラフはどうなっていくの？　…これでいいのかな？

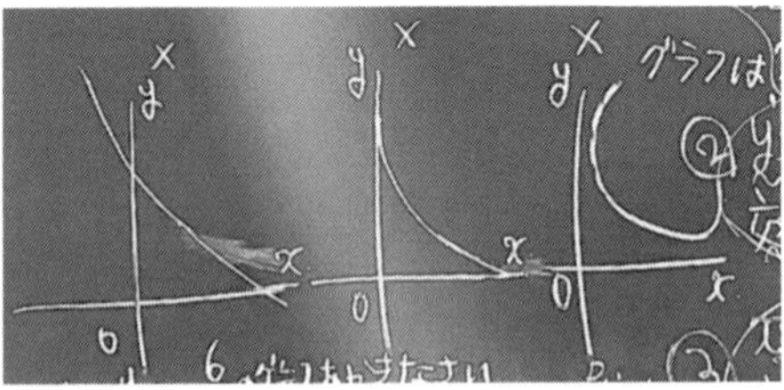

S１　なめらかな曲線だからって，これはどれもおかしい気がする。

T　Ｓ１さんが，「これはどれもおかしい気がする」って言っているけど，Ｓ１さんの気持ち，わかるって人は手をあげてください。
（９割程度の生徒が挙手。そこで，手をあげていないＳ２を指名する）

Ｔ　どのあたりがわからない？

Ｓ２　たぶんおかしいんだろうけど，なんでおかしいのかがわからない。

Ｔ　Ｓ２さんが「たぶんおかしいんだろうけど，なんでおかしいのかがわからない」と言っています。Ｓ３さん説明してください。

Ｓ３　まず，x 軸，y 軸とグラフは交わらないと思っていて，その理由は，まず，x の値を0.1，0.01，0.001，…のように小さくしていくと，y の値は，60，600，6000，…のようになるから，y 軸に限りなく近づくけど，交わることはないし…

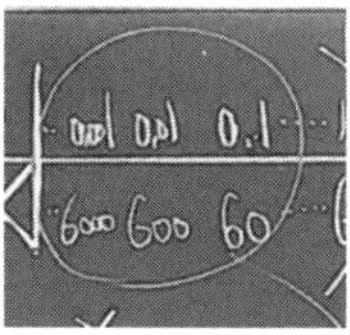

Ｔ　（板書に右の部分を加筆して）
Ｓ２さん，ここまでどう？

Ｓ２　納得です。

Ｔ　では，Ｓ３さんが話していたことを生かして，x 軸とグラフが交わらない理由を隣の人に伝えてみて。
（ペア活動後，Ｓ２を指名する）

Ｓ２　x の値を10，100，1000，…のように大きくしていくと，y の値が，0.6，0.06，0.006，…のようになるから，x 軸に限りなく近づくけど，交わることはない。

この後，さらに多くの点をとっていくとグラフはどうなるのか，コンピュータを活用し，反比例のグラフを観察する活動を取り入れました。

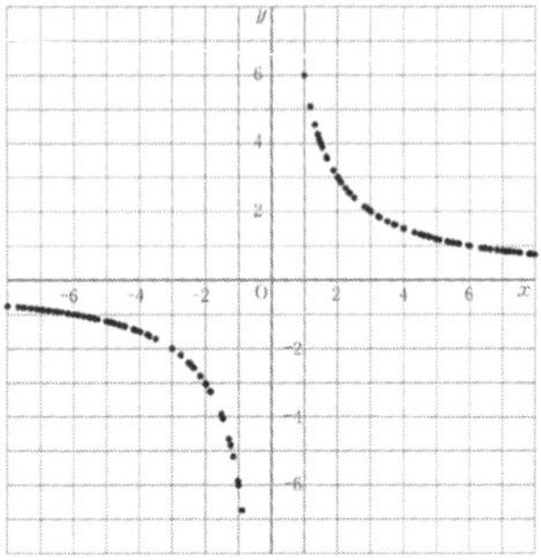

このように，指導の個別化では，生徒の個別の「わからなさ」に寄り添い，その実態を把握して，「わからなさ」を解消するための教師の働きかけが大切です。本時では，教師が説明するのではなく，生徒の説明に合わせて板書したり，代表生徒の説明の続きを自分の言葉で隣の人に表現させるようにしたりする工夫をしました。

第17時

目標を「ある車いすマラソン大会でスタートから６kmの地点で応援するとき，先頭の選手が通過してから何分後に最後の選手が通過するのかや，先頭の選手が通過してから約45分後に最後の選手が通過する地点はスタートから何kmの地点なのかをグラフを用いて求める方法を説明できる」とし，次の問題を扱いました。

太郎さんと花子さんの学級は全員で，車いすマラソンの応援をしに行くことになり，応援計画をつくっています。２人は応援計画について話し合っています。

太郎さん　出場選手全員を応援したいけど，応援にはどのくらい時間がかかるのかな。

花子さん　応援する場所によって，出場選手全員を応援する時間は変わるね。

太郎さん　スタートから６㎞の地点で応援するとしたら，どのくらい時間がかかるのかな。

花子さん　昨年度の大会では，最も速い選手は分速300m，最も遅い選手は分速120mで走ったみたい。このデータを基に考えられないかな。

２人は，スタートした時間からの経過時間をx分，スタート地点からの道のりをy mとし，昨年度の大会の先頭の選手と最後の選手は一定の速さで走っていると仮定して，xとyの関係をグラフ（次ページ）に表しました。

スタートから６㎞の地点で応援するとき，出場選手全員を応援するには，少なくともどのくらい時間がかかるでしょうか。

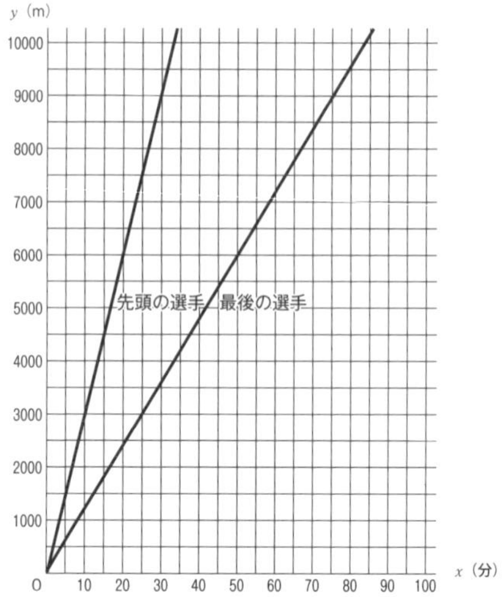

この問題は，どのくらい時間がかかりそうかと「What」で問うタイプの問題です。そして，生徒の誤答を踏まえて，「グラフからどのように求めればよいのかな？」と「How」で問い，比例のグラフを利用する方法を考える必要感を生み出しました。

この授業で扱う比例のグラフを用いた方法の説明は，生徒にとって容易ではありません。私の授業では，解決方法を全体で共有する場面で，次のようなやりとりが生まれ，生徒のつまずきが浮き彫りになりました。

T　「50－20＝30で約30分」とノートに書いている人は，どのように考えたのかな？　書いた人の気持ちがわかる人は，手をあげてください。
（８割程度の生徒が挙手，そこで手をあげていないＳ１を指名する）

T　どこで困っているの？

S１　50－20＝30という式の計算はわかるんだけど，グラフとどんなつながりがあるのかわからない。

T　Ｓ２さんは手をあげていましたね。Ｓ１さんが「式の計算はわかるんだけど，グラフとどんなつながりがあるのかわからない」と言っています。グラフと式にどんなつながりがあるのか，説明してもらえますか？

S２　スタートから６㎞の地点で応援するとき，先頭の選手が通過してから何分後に，最後の選手が通過するのかをグラフから求めるから，６kmは6000ｍなので，まず，グラフの y ＝6000のところを見ます。

Ｔ　Ｓ１さん，ここまでどう？

Ｓ１　わかる。

Ｓ２　この式は，y ＝6000のとき，最後の選手の x の値は50で，先頭の選手の x の値は20だから，50－20ってなってる。で，この30っていうのは，グラフでいうとここのことで，スタートから6000ｍの地点で応援するとき，出場選手全員を応援するには，少なくとも30分かかることがわかる。

Ｔ　納得できた人は手をあげてください。

（Ｓ１も含めて全員挙手）

Ｔ　では，わかったことを自分の言葉で，隣の人に伝えよう。

この問題で，グラフを用いた問題解決の方法を，数学的な表現を用いて説明するときのポイントは，式50－20＝30の意味をグラフや具体的な事象と関連づけることです。式の意味をグラフや事象とつなげることができず，式の意味がわからない生徒は，いきなり「グラフを見ると50－20＝30で30分と求められます」と言葉だけで説明されたところで，グラフのどこに着目して50や20といった数値が出てきたのか，30はグラフの中のどこに表れているのか，事象ではどんな意味をもつ数値なのかがわからないものです。そこで，Ｓ１のような個別の「わからなさ」を把握し，共有したうえで，式の意味をグラフや事象と関連づけた説明を引き出すことで，わからない生徒の理解を促していきました。このとき教師は，自分で説明するのではなく，生徒の説明に合わせて，着目するところや言葉の式を板書して視覚的にもわかるように工夫をしました。

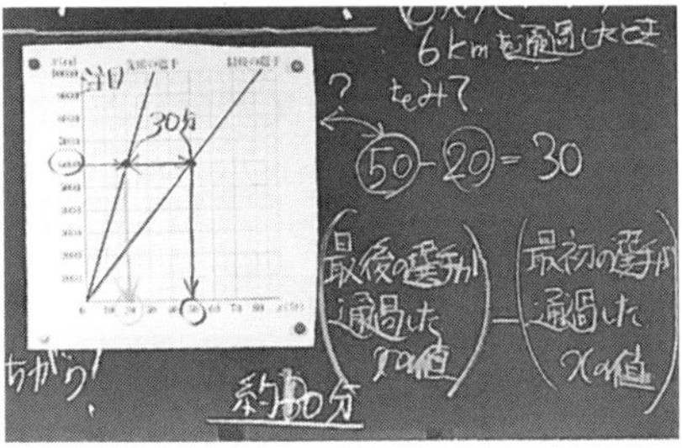

このように，指導の個別化では，生徒の個別の「わからなさ」に寄り添うなど，生徒の個別の実態を把握する教師の働きかけが大切です。

③授業例２

学習の個性化の場面

第17時

学習を進めるのが早い生徒は，（昨年度のデータは変わえないで）問題の一部を変更して自分なりの問題をつくる活動（問題づくり）を行いました。その際，つくった問題で工夫したところを示すように促しました。また，つくった問題は端末で共有し，生徒がお互いに問題を解き合うようにしました。

問題

太郎さんと花子さんは車いすマラソンの応援をすることになりました。

応援席を準備する時間が５分，片づけの時間が５分かかります。

２人は準備と片づけ合わせて25分ちょうどで終わらせることができる地点で応援しようと思います。

２人は何キロ地点で応援すればよいですか。

この生徒は，準備や片づけにかかる時間を含めることを工夫し，25分で片付けを終えることができる地点はどこかを問う問題をつくりました。

問題

スタートから25分経ったとき，先頭の選手と最後の選手の進んだ距離の差はいくつですか。

解答

4500m

解説

スタートから25分たった時の先頭の選手と最後の選手の y の値を見て，先頭の選手が7500，最後の選手が

3000なので，差は4500ｍになる。

工夫したところ

先頭の選手と最後の選手の y の値がどちらも整数の時の問題をつくった。

この生徒は，グラフの x の値が25になるときに着目し，先頭の選手と最後の選手の x の値が25のときの y の値がどちらも整数になるように工夫しました。そして，先頭の選手と最後の選手の x の値が25のときの y の値の差を問う問題をつくりました。

問題づくりに取り組ませるときは，問題と解答・解説をセットで全体に共有することで，学級オリジナルの問題集とすることができます。また，原問題をつくり変える過程で出てくる疑問等を瞬時に共有していくこともできます。

このように，問題づくりの活動は，学習の個性化につながります。

6 指導の個別化や学習の個性化を位置づけた授業づくり❹（データの活用）

①単元の指導計画例

２年「データの分布」で，次のような単元の指導計画を立てた場合について考えていきます。

節	時	学習内容
四分位範囲と箱ひげ図	1	京都の冬日は減ってきていると言えるのかな？　③A
	2	20年ごとに区切ったデータについて，20年ごとのデータの散らばり具合を比べるにはどうすればよいのかな？　③B
	3	データの四分位範囲を求めて，箱ひげ図をつくろう。③C
	4	区切りを何年とした箱ひげ図で表すと傾向が読み取りやすくなるのかな？　③B
	5	箱ひげ図に対応するヒストグラムがどれかは，どのように判断すればよいのかな？　③C
単元のまとめ	6	単元全体の学習内容を活用したレポート作成に取り組み，単元で学習したことがどの程度身についているかを自己評価しよう。④

この単元では，四分位範囲や箱ひげ図の必要性と意味を理解し，四分位範囲や箱ひげ図を用いてデータの分布の傾

向を比較して読み取り，批判的に考察し判断することを目標としました。単元で一貫して気象に関するデータを扱った理由は，気象庁からオープンデータ※が出されているからです。ローデータ（何も手を加えていない状態の調査結果の生のデータ）がないと生徒の探究が前に進まなくなってしまうことがあるので，ローデータがあるのかどうかは，教材選定の際の重要な視点と言えます。

※大都市における冬日日数の長期変化傾向
https://www.data.jma.go.jp/cpdinfo/himr/himr_tminLT0.html

②授業例１
指導の個別化の場面

授業の振り返りの場面で解決過程を振り返ることで，重要な数学的な考え方を浮き彫りにしたり，生徒の個別の「わからなさ」を把握したりすることができます。

第５時

第５時では，目標を「箱ひげ図とヒストグラムの関係に気づき，それを基にして，箱ひげ図に対応するヒストグラムはどれか判断することができる」とし，次ページの問題とその次の確認問題を扱い，実践しました。

下の箱ひげ図は，1961年～2020年の京都の年ごとの冬日の日数について，区切りを20年として，年ごとの冬日の日数の分布の様子を箱ひげ図に表したものです。

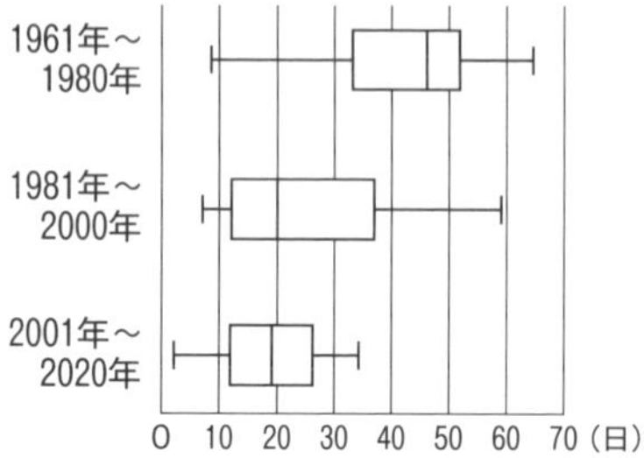

下のア，イ，ウのヒストグラムは，京都の年ごとの冬日の日数について，1961年～1980年，1981年～2000年，2001年～2020年の分布の様子のいずれかを表したものです。

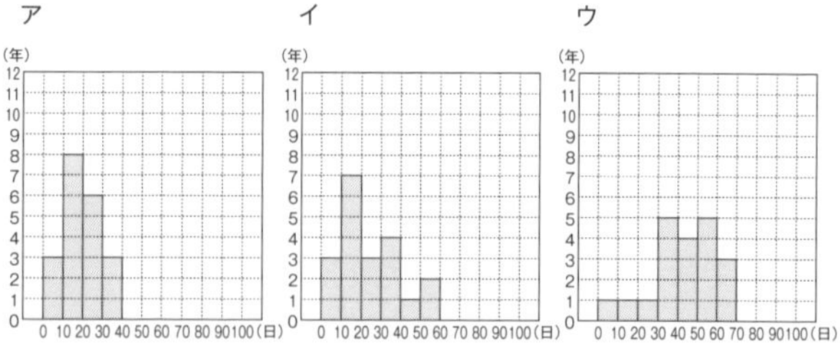

それぞれの箱ひげ図に対応するヒストグラムは，ア，イ，ウの中のどれでしょうか。

次のXからZまでの箱ひげ図のいずれかは，A，Bのヒストグラムに対応するものです。

Aのヒストグラムに対応する箱ひげ図をXからZまでの中から1つ選びなさい。

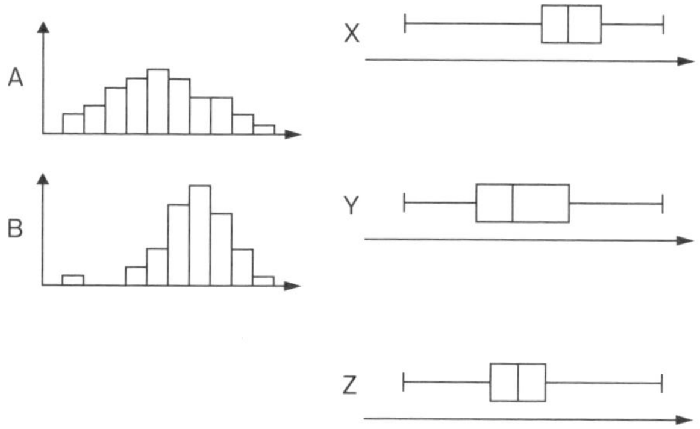

この問題は，それぞれの箱ひげ図に対応するヒストグラムはどれかと「Which」で問うタイプの問題です。そして，生徒が選んだ結果を踏まえて，「なぜ対応していると言えるのかな？」と「Why」で問い，箱ひげ図とヒストグラムの関係を考える必要感を生み出しました。

問題の解決過程では「❶最大値や最小値の指標に着目する考え方」「❷箱の位置や箱の長さに着目する考え方」を共有しました。確認問題は，本時の目標達成に近づけるために，❷により解決できる問題としました。そして，問題解決過程を振り返り，ドットプロットに表されたものを関連づけながら，箱ひげ図とヒストグラムの関係をまとめました。振り返りでは次のようなやりとりがありました。

T　この時間の黒板の様子（下の板書）を全員に配信します。大切な考え方だと思ったところを赤で，まだわからない，もっと知りたいと思ったところを青で囲み，その理由を書いて提出してください。

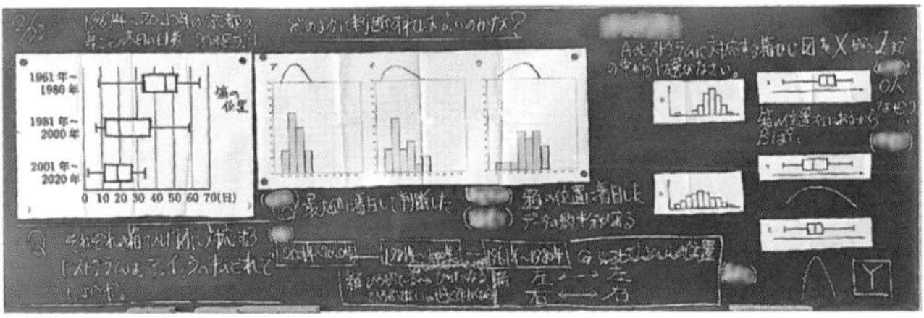

S　箱ひげ図とヒストグラムの関係について，箱の部分に着目することが大切だと思った。理由は，箱の幅と位置によってどのヒストグラムと関係があるかわかると思ったから。

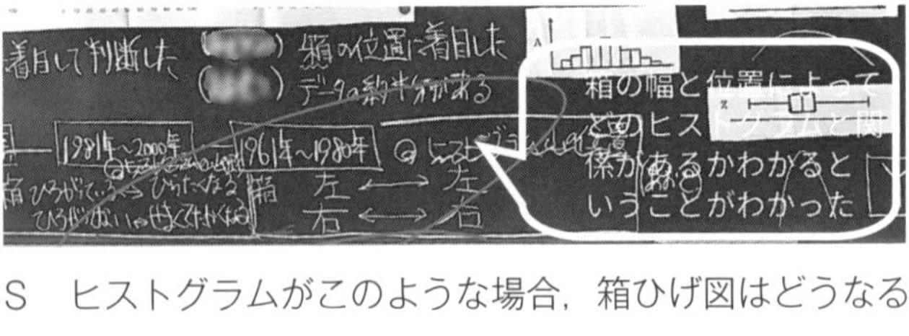

S　ヒストグラムがこのような場合，箱ひげ図はどうなるのかなと思いました。

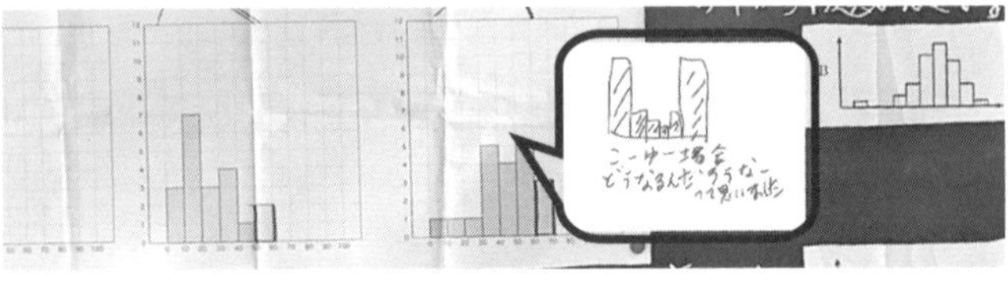

授業の振り返りの場面で，解決過程を振り返ることで，「箱ひげ図の箱の部分に着目して，箱の位置や長さとヒストグラムの関係をみる」という生徒の考え方を浮き彫りにしました。さらに，「単峰性ではなく，多峰性の分布の場合，どんな箱ひげ図になるのか」という個別の「わからなさ」を把握することができました。次時には，「わからなさ」を共有した生徒の学習態度について価値づけたうえで，生徒が表現したヒストグラムの場合の箱ひげ図を提示しました。そして，箱ひげ図を利用するときの多峰性の分布の取り扱いについて説明しました。

このように，授業の振り返りの場面で解決過程を振り返り，生徒個々の実態を把握する教師の働きかけが大切です。

③授業例２

学習の個性化の場面

単元末で，生徒の興味や関心に応じて，探究したことをレポートにまとめる活動を位置づけました。

第６時

第６時では，目標を「データの分布の変化の傾向を的確に捉え，判断の理由を数学的な表現を用いて説明することができる」とし，次のような問題を提示し，教科書に掲載されているレポートの書き方の例について共有したうえで，レポートを作成する活動を行いました。

冬日の日数が減ってきている傾向は，京都以外の場所でもみられるのでしょうか。

データがあるのは，札幌，仙台，東京，横浜，新潟，名古屋，大阪，広島，福岡，鹿児島です。

自分が調べてみたい場所を選びましょう。また，選んだ場所について，箱ひげ図を利用して，冬日の日数が減ってきている傾向があるのかどうかを調べましょう。場所はいくつ選んでも構いません。

レポートでは，次の５つの見出しで書いていくように指導しました。

1．調べてみたい場所とその理由
2．方法（区切りを何年とした箱ひげ図で表すと傾向が読み取りやすくなると思ったのかと，その理由）
3．結果
4．調べてみてわかったこと
5．感想

四分位範囲や箱ひげ図を学んだばかりのこの段階で，生徒に「知りたいことや疑問に思っていることについてデータを収集，整理し，その傾向を調べよう」と投げかけたとして，目標達成に向けて活発に学ぶ生徒の姿を引き出すことができるでしょうか。もし，十分に時間をかけることができれば，あるいは可能なのかもしれませんが，多くの教室では厳しいというのが実情ではないでしょうか。

そこで，単元で学習してきた「京都の冬日は減ってきて

1．調べてみたい場所とその理由

調べてみたい場所は仙台である。理由は，京都より北にある仙台でも冬日が減少しているのか気になったから。また，京都と比べてデータの偏りがどうなっているのか気になったから。

2．方法

仙台のデータを，20年区切りで分けて箱ひげ図をつくり，データの分布の傾向の変化を捉えた。20年区切りにしたのは，箱が5つで多すぎず少なすぎずちょうどいいと思ったからである。

3．結果

20年区切りで箱ひげ図を作ると右のようになった。

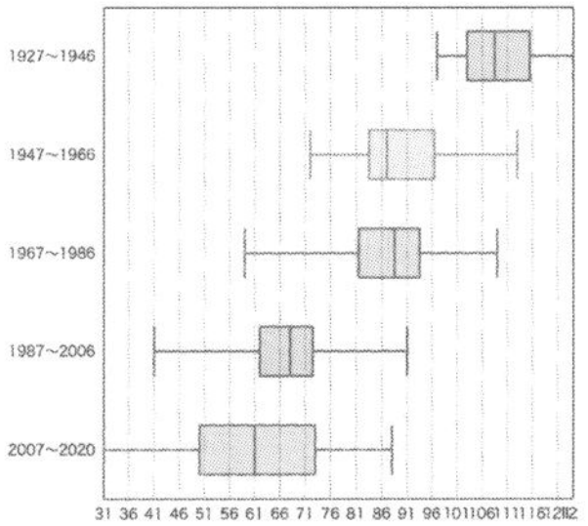

4．調べてみてわかったこと

1927年～1946年の箱は最も右によっていて，最近のデータになるほど箱の位置が左に寄っていることがわかる。2007年～2020年の箱が1番長いため，データの散らばりが大きいことがわかる。中央値で比べると108日→61日まで減少。最大値，最小値ともに年々減少している。そして，箱の位置はどんどん左にきている。よって，仙台の冬日も京都と同じように減少傾向にある。また，京都と比べると右によっているデータが多いと思った。京都より減少の割合が大きいと思った。

5．感想

箱の位置から，京都より北にある仙台でも冬日が減少している傾向にあることがわかった。最近のデータになるほど範囲が大きいので気候が不安定なのではないか。おそらく温暖化の影響を受けているからだと思う。中央値で見ると20年で約12日冬日が減少している。このままだといずれ冬日がなくなり，今までの生活ができなくなると思う。北海道や京都より南の地域では冬日は減少しているのか気になった。

いると言えるのか」の内容を踏まえて，「冬日の日数が減ってきている傾向は，京都以外の場所でもみられるのか」を問題に設定しました。そして，第４時で学習した「区切りを何年とした箱ひげ図で表すと傾向が読み取りやすくなるのか」という学びを生かすことができるようにしました。さらに，「なぜその場所を調べたいと思ったのか」「なぜ区切りをその年数にしようと思ったのか」を書くように促し，発想の源となっていることを引き出せるように工夫しました。このような働きかけにより，どの生徒も単元の学びを生かして，目標達成できるようにしました。

前のページのレポートを作成した生徒は，京都より北にある場所でも京都と同様の傾向があるのかどうかを知りたいという動機で，仙台について調べていました。箱ひげ図の箱の位置に着目し，現在に近づくほど箱の位置が左にあることから，データの分布の変化の傾向を読み取っていました。

次のページのレポートを作成した生徒は，自身が住んでいる北海道について知りたいという動機で，札幌を選びました。箱ひげ図を作成する際には，いくつかの区切りで箱ひげ図をつくったうえで，それらを比較検討し，一番変化が見やすいと思った20年区切りを選択していました。そして，箱ひげ図の箱の位置に着目して傾向を読み取っていました。さらに，札幌を調べ終わった後には，他の地域の傾

1．調べてみたい場所とその理由

僕は札幌を調べました。理由としましては札幌は北海道の県庁所在地であり，かつ寒い北海道に属しており，冬日の日数の変化に興味を持ち調べたいと思ったので調べました。

2．方法

札幌の冬日のデータを，20年区切りで分けて箱ひげ図をつくり，データの分布の傾向の変化を捉えた。20年区切りにしたのは，いくつかデータを作ったが一番変化が見やすいと思ったからである。

3．結果

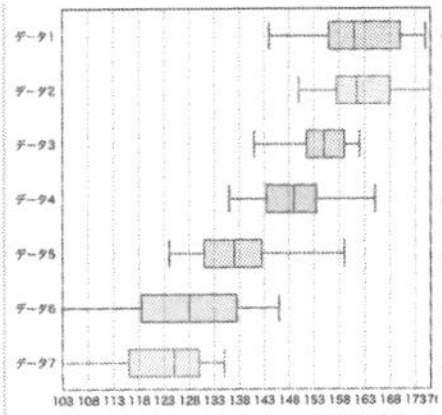

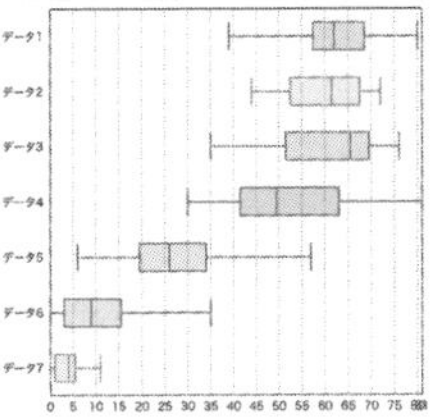

↳札幌の冬日の日数　　　東京の冬日の日数

4．調べてみてわかったこと

僕は北海道は寒いので冬日の日数は昔に比べて特に変化しないと思っていましたが，結果の箱ひげ図を見てくれれば分かるとおり，箱の位置がどんどん左に現在に近づくほど寄っていくことがわかる。また中央値も現在に近づくほど減少していっていることがわかります。僕の予想とは違い，いくら冬が寒い北国の北海道でも冬日は昔から現在にかけて減少してきていることがわかります。

5．感想

僕は当初は北海道は他の諸地域に比べ寒いので冬日の日数の変化はあまりないと予想していましたが，その考えは見事に覆されました。データを実際に図にしてみると冬日は現在に近づくと箱の位置が左に寄って（冬日の日数が少なくなっている）いたり，中央値も減少していました。寒いので冬日はあまり変化がないと思っていましたが授業で取り扱った京都の冬日の日数のように減少していることがわかりました。ですが先ほども述べましたが，北海道は寒いので，上の東京の冬日の日数の図を見たらわかる通り，他の本州の地域や授業内で取り扱った京都の冬日の日数に比べ明らかに日数が多いことがわかりました。そして僕の調べた北海道や，東京，授業で取り扱った京都それぞれが冬日の日数が減少していることがわかりました。なぜ冬日の日数が減っているのが不思議に思ったので今後その理由も調べたいと思います。

向も知りたいと思い，東京の傾向も調べていました。最後に，なぜ冬日の日数が減っているのか不思議に思ったのでその理由も調べたいと述べており，探究を進めていく意思を読み取ることができました。

ここに紹介した授業は，釧路算数数学教育研究会に所属する先生の公立中学校でも実践してもらいましたが，紹介した流れでレポート作成に取り組ませたところ，数学が得意，苦手に関係なく，どの生徒も作成することができたと報告を受けています。したがって，単元の学びがそのままレポート作成に生かせるようにする工夫は，多くの生徒にとって有効と言えるのではないでしょうか。

このように，学習の個性化としてレポート作成を位置づけるときには，単元の学びがレポート作成に生かせるように単元を構成したうえで，これまでの学びとつながりのあるレポートのテーマ（問題）を設定し，生徒が自分自身で学びを進めていけるようにすることが大切であると考えます。

おわりに

本書は，これまでの私の実践と経験を振り返り，無理なく「個別最適な学び」を日常化していくための具体的な方策をまとめたものです。

どうか，はじめから，すべてをいっぺんにとは考えずに，まずはできることから，少しずつ取り組んでいただければ幸いです。

私には，忘れられないいくつかの言葉があります。

〔担当していた生徒から〕

「今日の授業は，先生にずっとほっとかれた感じでつらかった」

「黙って待っている時間が長くて苦しかった。まわりの友だちと話すように促されたけど，うまく話せなかった」

「学級のみんなで考え合う時間があるとわかっていると，安心して学べる」

「まわりの友だちがどこでどんな悩みを抱えているのかがわかると，みんなでがんばろうという気持ちになる」

〔釧路算数数学教育研究会の仲間の先生方から〕

「『丸投げ学習指導は危険』と言ってくれてうれしかった。まわりの先生方の空気が，丸投げにすればよいという感じだったことに危機感を覚えていたので，すっきりした」
「『毎時間の授業の中で，個別最適な学びと協働的な学びは一体的に充実させていくことを目指した，『問題解決の授業』をより一層充実させればよい」ということを聞いて，これなら無理なく継続的に授業改善に臨めそうだと思った」
「中学校数学の授業で『自由進度学習』を強要されたら，とてもじゃないけど納得して授業改善に進んでいけないと思っていたから，無理なくできることを具体的に提案してくれて助かった」

そして，無理なく個別最適な学びを日常化していくための具体的な方策を，本書の中でまとめることができました。願わくば，読者の先生方に本書をお手元に置いていただき，これまでの授業と比較しながら，目の前の生徒たちの実態に応じて，何か１つでも参考にしていただければ，この上ない喜びです。

最後のページには，p.67でも示した「個別最適な学びを無理なく実現するための具体的な方策のまとめ」を再掲します。単元の指導計画づくりや，日常の授業づくりの際に，継続的に参考にしていただけますと幸いです。

2023年７月

赤本純基

単元の指導計画を作成する際の留意点

①単元の学習内容についての生徒の既習事項を把握する。

②目標に沿っただれもが取り組める問題にするために，次の条件について考え，それに照らして吟味する。

- 生徒の学習意欲を引き出すことができるか。
- 問題の解決過程で新たな指導内容を身につけさせることができるか。

③目標に応じた指導の重点を明らかにし，学習活動の時間配分をする。

④自らを見つめ直す場として，「学習を振り返る時間」を設定する。

個別最適な学びを
無理なく実現するために…

指導の個別化（支援の必要な生徒や生徒一人ひとりの特性や学習進度，学習到達度を把握する）

- 授業中に生徒の個別の「わからなさ」を把握する。
- 練習問題や小テストなどで把握する。

学習の個性化（生徒一人ひとりに応じた学習活動や学習課題に取り組む機会を設定するためにできること）

- 教材研究を深める。
- 生徒が自分自身で選択できるようにする。
- 適切なタイミングで設定する。

【著者紹介】

赤本　純基（あかもと　じゅんき）

北海道教育大学附属釧路義務教育学校後期課程を経て，現在釧路市教育委員会学校教育部教育支援課。

共著に『中学校数学科　新学習指導要領×アフター・コロナ×GIGA スクール時代の数学授業　39の新提言』（2021年，明治図書），『1人1台端末に生きる中学校数学授業の「問題」』（2023年，明治図書）

中学校数学科
無理なく進める　個別最適な学び

2023年9月初版第1刷刊　Ⓒ著　者　赤　本　純　基
発行者　藤　原　光　政
発行所　明治図書出版株式会社
http://www.meijitosho.co.jp
（企画）矢口郁雄（校正）山根多恵
〒114-0023　東京都北区滝野川7-46-1
振替00160-5-151318　電話03（5907）6701
ご注文窓口　電話03（5907）6668

＊検印省略　組版所　株　式　会　社　カ　シ　ヨ

Printed in Japan　ISBN978-4-18-325522-8